JILPT　資料シリーズ　No.198
2018 年 3 月

高齢者の多様な活躍に関する取組
－地方自治体等の事例－

独立行政法人　労働政策研究・研修機構
The Japan Institute for Labour Policy and Training

ま　え　が　き

　わが国では世界に例をみない速度と水準で人口の高齢化が進展してきており、将来的には人口の4割近くを65歳以上の高齢者が占めるようになると予測されている。このような状況下、累次の高年齢者雇用安定法の改正によって企業内での雇用確保は着実に進展してきたが、いわゆる団塊の世代が65歳を超えるようになり、地域においても、高齢者が長年の経験等を活かし、就労をはじめとしたさまざまな形で活躍することが、経済社会の活力を維持する上で不可欠となってきている。

　こうした中、地方自治体等を中心として地域における高齢者の多様な活躍を支援しようとする取組が進んできているところである。まだ緒に就いた段階であるが、これらの取組が各地域に着実かつ的確に浸透していくことが、今後の超高齢社会の帰趨を決定付けると言っても過言ではないだろう。

　独立行政法人労働政策研究・研修機構では、そのような問題意識を持ち、厚生労働省の協力も得つつ、地方自治体等の取組の中で好事例又は好事例となる可能性の高い取組を収集し、これから新たな取組を進めようとする地方自治体にも役立つよう、事例集として取りまとめた。お忙しい中、ヒアリング等にご協力いただいた方々には感謝申し上げる。

　本書が地方自治体等の方々に活用され、地域における高齢者の活躍が進み、世界に範たる活力ある「超高齢社会」の実現に資することができれば幸いである。

2018年3月

独立行政法人　労働政策研究・研修機構

理事長　　菅　野　和　夫

執筆担当者（執筆順）

中山　明広　　労働政策研究・研修機構　統括研究員　　　　　　　第 1 章、第 10 章

園田　薫　　　労働政策研究・研修機構アシスタントフェロー　　第 2 章、第 3 章

山岸　諒己　　労働政策研究・研修機構アシスタントフェロー　　第 4 章から第 9 章まで

上記以外の研究参加者

　千葉　登志雄　　労働政策研究・研修機構　統括研究員

目　　次

第1章　高齢者の就労を中心とした多様な取組
　第1節　調査・研究の目的　……………………………………………………………………　1
　　1　高齢化の進展と影響　……………………………………………………………………　1
　　2　高齢化の中で経済社会の活力を維持するための方策　…………………………………　1
　　3　高齢者の社会参加、活躍　………………………………………………………………　2
　　4　調査、研究の目的とヒアリングの内容　………………………………………………　3
　第2節　各自治体等の取組の特色等　…………………………………………………………　4
　　1　柏市（千葉県）－自治体を中心とした取組のさきがけ－　…………………………　4
　　2　鎌倉市（神奈川県）－地域資源の活用に向けた取組－　……………………………　5
　　3　松山市（愛媛県）－コーディネーターの活躍－　……………………………………　5
　　4　総社市（岡山県）－ワンストップセンターの活用－　………………………………　6
　　5　豊中市（大阪府）－高齢者へのアウトリーチ－　……………………………………　6
　　6　福岡県－市町村との協力関係－　………………………………………………………　7
　　7　大阪府－民間企業との連携、高齢者ならではの強みを啓発－　……………………　7
　　8　大分県－シルバー人材センターとの連携－　…………………………………………　8
　第3節　仕事をしていない高齢者のおかれている状況　……………………………………　9
　　1　60代の高齢者の状況　……………………………………………………………………　10
　　2　60代後半層の高齢者の状況　……………………………………………………………　12
　　3　60代後半層の高齢者（男性）の状況　…………………………………………………　16
　　4　生活上の問題がなく仕事をしたいと思わない層の姿　………………………………　18
　　5　まとめ　……………………………………………………………………………………　21

第2章　柏市（千葉県）の事例－自治体を中心とした取組のさきがけ－
　第1節　地域のすがた　…………………………………………………………………………　23
　第2節　柏市の取組の概括　……………………………………………………………………　24
　　1　生きがい就労事業について　……………………………………………………………　24
　　2　セカンドライフプラットフォーム事業について　……………………………………　26
　　3　生涯現役促進地域連携事業について　…………………………………………………　27
　　4　柏市シルバー人材センターとのかかわりについて　…………………………………　28
　　5　柏市の高齢者雇用支援から見えること　………………………………………………　29

第3章　鎌倉市（神奈川県）の事例－地域資源の活用に向けた取組－
　第1節　地域のすがた　…………………………………………………………………………　31

第2節　鎌倉市の取組の概括　……………………………………… 32
　1　事業の概要　……………………………………………………… 32
　2　鎌倉市が支援の対象として想定する高齢者像　………………… 34
　3　鎌倉市シルバー人材センターとのかかわりについて　………… 36
　4　鎌倉市の高齢者雇用支援から見えること　……………………… 36

第4章　松山市（愛媛県）の事例－コーディネーターの活躍－
第1節　地域のすがた　……………………………………………… 38
第2節　生涯現役促進地域連携事業の概要　……………………… 40
　1　仕事の地方分散　………………………………………………… 42
　2　介護分野の新たな人材育成　…………………………………… 42
　3　地域の名産品と郷土料理を活かした観光サービス事業　……… 42
　4　松山市シルバー人材センターの戦略　………………………… 45
　5　まとめ　…………………………………………………………… 46

第5章　総社市（岡山県）の事例－ワンストップセンターの活用－
第1節　地域のすがた　……………………………………………… 47
第2節　生涯現役促進地域連携事業の概要　……………………… 51
　1　ワンストップ窓口の設置　……………………………………… 51
　2　各種セミナーや研修の実施　…………………………………… 54
第3節　生涯現役促進地域連携事業における課題とまとめ　…… 54
　1　重点分野の開拓　………………………………………………… 54
　2　農業分野の展開　………………………………………………… 55
　3　今後の見通し　…………………………………………………… 56
　4　まとめ　…………………………………………………………… 56

第6章　豊中市（大阪府）の事例－高齢者へのアウトリーチ－
第1節　地域のすがた　……………………………………………… 58
第2節　生涯現役促進地域連携事業の概要　……………………… 60
　1　連携事業にさきがけた取組　…………………………………… 62
　2　生涯現役サポートセンター（「Sサポ」）の取組　……………… 63
　3　「シニアワークセンターとよなか」による事業創出　………… 65
第3節　「とよなか地域ささえ愛ポイント事業」によるボランティア活動の推進　…… 68
第4節　それぞれの取組の課題とまとめ　………………………… 69
　1　今後の課題　……………………………………………………… 69

| 2 | まとめ | ……………………………………………………… | 69 |

第7章　福岡県の事例－市町村との協力関係－

第1節	地域のすがた	……………………………………………	71
第2節	福岡県70歳現役応援センターの取組	……………………	73
第3節	生涯現役促進地域連携事業の概要	………………………	77
1	セカンドキャリア応援セミナー	………………………	80
2	職種別講習会	………………………………………	81
3	今後の課題とまとめ	………………………………	81

第8章　大阪府の事例－民間企業との連携、高齢者ならではの強みを啓発－

第1節	地域のすがた	……………………………………………	82
第2節	生涯現役促進地域連携事業の概要	………………………	83
1	仕事説明会	…………………………………………	84
2	ワンストップ窓口の設置	…………………………	85
3	高齢者への周知	……………………………………	86
4	企業の啓発とセブン－イレブンの事例	………………	88
5	今後の見通し	………………………………………	89
6	まとめ	………………………………………………	89

第9章　大分県の事例－シルバー人材センターとの連携－

第1節	地域のすがた	……………………………………………	90
第2節	生涯現役促進地域連携事業の概要	………………………	92
1	連携事業にさきがけた取組	………………………	92
2	就職面談会	…………………………………………	95
3	周知・広報の取組	…………………………………	96
第3節	大分市シルバー人材センターの取組	……………………	96
第4節	大分県シルバー人材センター連合会の取組	……………	98
1	高齢者スキルアップ・就業促進事業による技能講習	………	98
2	高齢者活躍人材育成事業による技能講習	………………	99
第5節	まとめ	………………………………………………	101

第10章　高齢者の就労支援に向けたこれからの事業展開

| 第1節 | コーディネーターの役割 | ……………………………… | 102 |
| 第2節 | 農業分野の取組 | ………………………………………… | 103 |

第3節　高齢者ならではの強み　……………………………………………… 104

第4節　ワンストップセンターの役割　……………………………………… 106

第5節　シルバー人材センターとの連携　…………………………………… 107

第6節　事業展開に当たって　………………………………………………… 108

　1　関係者の連携体制の構築　……………………………………………… 108

　2　高齢者へのアウトリーチ　……………………………………………… 109

　3　就労先の開拓（コーディネーターの確保）　………………………… 109

　4　高齢者への啓発　………………………………………………………… 109

　5　就労先への啓発　………………………………………………………… 110

（参考資料）　………………………………………………………………… 111

第1章　高齢者の就労を中心とした多様な取組

第1節　調査・研究の目的

1　高齢化の進展と影響

　わが国の高齢化は世界に例をみない速度と水準で進展しており、既に 65 歳以上人口が全体の 26％近くに達し、いわゆる超高齢社会になっているが、2060 年には、人口の約 4 割が 65 歳以上になると推計されているところである[1]。

　高齢化をもたらす主な要因は、長寿化と少子化である[2]。さらに、「団塊の世代」や「ひのえうま」などは極端な例であるが、年齢ごとの人口構造もその進展に影響を及ぼす。人口構造全体がピラミッドに近かった時代と異なり、少子化が進み、出産可能な世代の人口が減ってしまった現在、今後出生率が増大しても直ちに高齢化の進行が止まるわけではない。

　高齢化が社会に及ぼす影響については、それが多方面に及ぶことは改めて言うまでもないが、高齢化に伴う社会全体のコストと国民の負担という視点で考えてみると、長寿化によって高齢者が増大することによって、年金、医療、介護などの保険給付をはじめとするコストが増大する。とりわけ医療、介護は、年齢が高くなるにつれ費用が上昇し、対象者の比率も高まることに伴い、1 人当たりの費用や保険の給付額が年齢階層の上昇とともに加速度的に増大し、高齢化率の上昇以上に深刻な影響が生じる[3]。

　少子化については、長期的には人口減少につながり社会の存続自体に関わるような大きな影響を及ぼすものであるが、高齢化に伴う社会的コストとの関係でみれば、いわゆる社会を支える側の減少につながることから、国民 1 人あたりの負担の増大につながる面がある。

2　高齢化の中で経済社会の活力を維持するための方策

　高齢化が進展し、そのままでは社会的コスト全体と 1 人あたりの負担の増大が避けられない中で、コスト圧力を緩和し、経済社会の活力を維持するためには、以下のような対応が考えられるであろう。

① 経済成長を通じて所得を拡大し、税、保険料収入を増大させること。経済成長への原動力はいろいろ考えられるところであるが、社会の支える側、すなわち労働者の増加もそのひとつである。この場合、高齢者に限らず、若者や女性についても労働力率を上昇させる余地がある。

② 年金、医療、介護など保険制度や運用の改善によって、保険収支を改善させること。

③ 高齢者の社会参加を進めること。①とも関係するが、高齢者の社会参加は就労を通じた

---

[1] 参考資料 1（巻末、以下同じ。）参照。
[2] 参考資料 2 参照。
[3] 参考資料 3 及び 4 参照。例えば 65 歳以上比率が同じ 30％であっても、75 歳以上比率が 5％と 10％とでは費用は大きく違ってくる。

ものであれば、それ自体社会の支える側の増大を意味するが、社会参加することによって健康寿命が伸長し、医療や介護に係る費用の削減につながる可能性がある[4]。

④ 少子化を解消すること。生涯未婚者の減少、出生数の増加は将来的には社会を支える側の増大につながり、高齢化の速度に一定程度歯止めをかけることができる。

これらを大きく分けて考えると、コスト自体の削減（②、③）、コストに見合った収入の確保（①、④、（③））、コストの分散化（④）ということになるが、③の中でも、就労を通じた高齢者の社会参加は、社会の支える側の増大、労働力の確保という面がある一方、健康寿命の伸長を通じ、医療、介護に係る保険給付の削減につながる可能性もあり、高齢化に伴うコスト増に対する方策としては非常に効果的であると考えられ、本報告書は、この③の高齢者の社会参加に着目して調査、研究を行うものである。

図表 1-1　超高齢化に伴う社会的コストと高齢者の就労

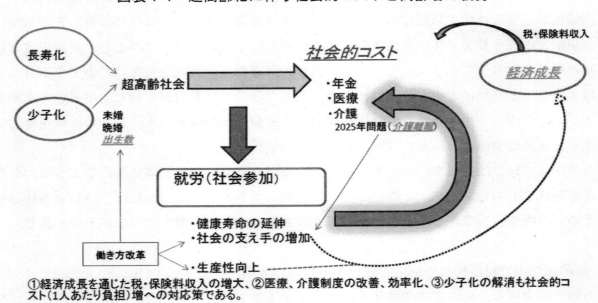

3　高齢者の社会参加、活躍

高年齢者雇用安定法の累次の改正により、65歳までは企業で雇用が確保される枠組みが整備されている。

65歳を超えた高齢者については、意欲、経験、能力等の個人差も拡大することから、社会参加へのニーズも多様であり、年金収入、保有財産等の生計上の環境も大きく影響する。この点については第3節で詳述する。

一方、個別の地域においては、人手不足感が大きいところがあり、また、介護労働力は全国的に見ても不足しており、今後長寿化が進展する中で一層深刻化するおそれがある。地場

---

[4] 参考資料5及び6参照。65歳以上の高齢者の就業率が高い都道府県ほど、10年後の75歳以上の高齢者の医療費が低くなる傾向や、要介護（支援）認定率が低い傾向にあることが明らかにされている。

の企業や地域コミュニティにおいては、技術、経験を有する高齢者に対するニーズがあるところもある。

　このように個人や地域のニーズは様々であるが、平成 25 年 6 月にとりまとめられた「生涯現役社会の実現に向けた就労のあり方に関する検討会報告書」の中で、以下のように指摘されているところである。

「地域のニーズと高齢者の就労・社会参加ニーズの確認、それらの組み合わせによって高齢者の就労・社会参加の機会を創出するためには、各機関の連携強化を行うための情報を共有する「プラットフォーム」が重要。同じく、地域、高齢者の双方に働きかけ、マッチングを行っているのが「コーディネーター」と言われる存在であり、（中略）地域のニーズをよく理解し、ネットワークを持つ、また築くことができる能力を持ち、組織のマネジメント能力が高い者、また、ビジネスを立ち上げた経験のある者等の多用な人材を活用する視点が必要。」

　このような「プラットフォーム」や「コーディネーター」の考え方は、団塊の世代が 65 歳に到達する平成 26 度以降厚生労働省の事業として実施されている、「地域人づくり事業」（以下「人づくり事業」）や「生涯現役促進地域連携事業」（以下「連携事業」）[5]の中で具体化が図られている。とりわけ、後者の連携事業では、地方自治体を中心に協議会を構成し、地域と高齢者のニーズのマッチングを進めようとするものである。また、平成 28 年の改正によって、高年齢者雇用安定法にも、自治体が中心となって地域に関係者からなる協議会を設置することを促進する旨の規定が置かれたところである。

4　調査、研究の目的とヒアリングの内容

　今回の調査、研究は、全国各地の地方自治体において、就労を中心とした高齢者の社会参加を進める取組が一層進展することを目的として、先行的な取組を行っている地方自治体等に対しヒアリングを行い、好事例の収集を試みたものである。

　地域の関係者が一体的に取組み、地域と高齢者の双方の幅広いニーズに対応している事例をターゲットとし、厚生労働省の協力を得て、上記人づくり事業、連携事業に参加している地方自治体やコーディネーター役を果たしている団体等を対象に選定し、事業全体、事業の中の個々の取組等について、以下の点を中心にヒアリングを実施した。

① 事業、取組の概要と成果

　地域の人材、資源等をどのように活用しようとしているか。具体的には、生活のための収入を得る必要がある層から、生きがい、自己実現のために好きな分野での参画をしたい層までである中で、どのような層を対象とするのか。また、就労につながっているのはどのようなケースか。

② 高齢者に対するアウトリーチ

---

[5]　参考資料 7 参照

高齢者に対する事業の周知、ニーズ、意向の把握をどのように行っているか。また、高齢者に対する意識改革、啓発等についてどのような取組をしているか。

③ 地域ニーズの発掘

地域の就労先として、どのような分野を開拓しようとしているか。介護等人手不足分野を中心としたものか、観光等地域資源を活用し新たな分野を開拓したものか。

④ 関係機関との連携、役割分担

シルバー人材センター等高齢者の就労を推進する機関との連携、役割分担等

多くの自治体が有望分野と考える農業や、地域における高齢者の就労の拠点的役割を果たしているシルバー人材センターとの関係についてはできる限り多くの時間をかけてヒアリングを行った。

第2節　各自治体等の取組の特色等

ヒアリングを行った各自治体等の取組の概要と特色あるものを以下に示す。はじめに、柏市の取組と同市の取組を参考とした鎌倉市の取組、続いて市レベルの取組、府県レベルの取組を取上げる。

1　柏市（千葉県）－自治体を中心とした取組のさきがけ－

「柏モデル」と言われるように、地方自治体を中心とした高齢者活性化の取組の嚆矢的存在である。事業展開を段階的に分けて捉えることができ、事業創始段階をはじめ多くの関係者からヒアリングを実施した。

当初は、東京大学とタイアップして事業をスタートしたが（現在の「連携事業」には東京大学は参画していない。）大学の知名度を生かして、立ち上げ期に地域の関係者の理解協力が得られたことが、事業成功につながっており、この場合は、知名度自体がコーディネート機能を果たしていると言える。

アウトリーチについてはリタイア層の高齢者が多数居住する団地等を中心にしながらも、市報等を活用し市域全体を対象としている。上記の知名度を活かし、高齢者向けのセミナーに多数の参加を得ることができ、高齢者のニーズを把握できたことも、発掘した就労先とマッチし、就労の継続につながっている面がある。

農業分野については、さほど広大ではないスペースを活用した作物の栽培、家庭菜園的なもの等他地域の例と比較して比較的軽易な作業で対応できるレベルの事業を発掘しており、これが継続的就労につながっている。このように身の丈にあった事業の発掘、創造にあたっては、地域の事情に詳しいコーディネーターの果たす役割が大きい。

シルバー人材センターについては、当地域においては商業施設が多数あることから、いわ

ゆる「臨・短・軽」をみたす請負になじむ業務が多数あり、一方で収入を得る必要性の高い層が会員となっていることから、就労につながるケースが多く、会員1人あたりの収入も高くなっているなど、地域の労働市場において相当程度の役割を果たしている。

　今後、第三段階の「連携事業」として、関係者から構成される協議会が一体となって事業を展開する中で、生きがい的な就労を求める層に対してもどのような役割を果たしていくかが注目される。

2　鎌倉市（神奈川県）－地域資源の活用に向けた取組－

　歴史的遺産や文化工芸品及びその担い手も多い世界的に名の知れた観光地であり、外国人観光客も多い。一方で、高級住宅地と言われる地域も多いことから、語学力等各種技術、能力等に秀でた高齢者が多数居住している。

　このような中、柏市のプロジェクトの中心的役割を果たした大学教授も参画し、語学堪能なシニア層が工芸や歴史を学び「文化人」の水準に達することで、外国人観光客に対する鎌倉の歴史、文化の紹介、発信役になってもらおうという戦略を立て、取組を進めている。

　地域の資源や特性を最大限生かそうとした取組といえるが、まだ緒に就いたばかりである。

　語学レベル等の高いシニア層に外国人へのガイド役になってもらうことへの理解、関心を深めることができるかどうかがカギではないか。

　シルバー人材センターについては交通の便のいい地域への移転が検討されており、今後の役割が期待されている。

3　松山市（愛媛県）－コーディネーターの活躍－

　シルバー人材センターが各種取組を行っている。コーディネーター役となる人物が、長年にわたるシルバー事業の運営を通じて地域資源や地域の中核人材について熟知しており、このことが高齢者へのアウトリーチ、ニーズの発掘等の場面で成果につながっている。コーディネーターが理想に近い形で活躍している事例と言える。

　介護関係では、音楽や運動を取り入れて、高齢者が介護状態になることを予防し、又は回復させる取組を進めているが、その際にインストラクターとして働ける高齢者を養成している。このケースでは、運動経験等がありインストラクターとして適任と思われる高齢者について、コーディネーター役が、自ら有する人的ネットワークを活用して掘り起こしに成功している。

　また、農業については就労の場の開拓を、道後温泉という観光資源を最大限生かし、観光振興と結びつけて展開している。具体的には、耕作放棄地等で松山の伝統野菜伊予緋かぶ（以下「緋かぶ」）を生産し、これを加工した食品を郷土色の濃いお土産品として販売しようとするものであるが、ここでもコーディネーター役が道後温泉の中心的人物に土産物としての取扱いについての協力を得た上で、緋かぶに対する需要を創出し、具体的就労につなげている。

そもそも農業分野については、全国的に見ても多い耕作放棄地の活用ができないかということがスタートであったが、本格的農業に従事しようとする高齢者はいないという状況であったので、比較的栽培が容易で収穫作業等も軽易である松山の伝統野菜を対象とし、郷土料理である緋かぶのかぶり漬けとリンクさせることによって高齢者の参加を実現させた点も注目される。

さらに、郷土料理普及のために、地域の高齢者を対象に郷土料理マイスター制度を導入した郷土料理講習会を開催し、認定資格を得た高齢者が、郷土料理普及を加速させるという取組を行っている。このような取組が、土産物として新しい郷土食品を開発する上でも推進力となっており、観光地、郷土料理に対する意識の高さ等の地域事情を巧みに組み合わせて高齢者の就労の場を創出したと言える。なお、料理講習会出身者が、カフェ、食堂等に就労している事例も一定数存在している。

IT分野では、デザインやプログラミングなどの専門性の高い業務が細分化されている一方でその周辺に定型的作業が存在することに着目し、コーディネーターが、首都圏にも拠点をもつ地場のIT企業に対し、高齢者を雇用することによって専門性の高い業務に加えその周辺作業を一括して受注できる体制を構築し、受注獲得力を向上させるように奨励している。

4　総社市（岡山県）－ワンストップセンターの活用－

首長の強力なリーダーシップの下、就労に関するワンストップサービス「そうじゃ60歳からの人生設計所」を設置しており、ハローワークは敷居が高いと感じている層が気楽にアクセスし、相談等を受けて就労につながるケースがあるほか、「設計所」が各種センターと一体となってさらに包括的なワンストップサービスを構成していることから、就業前に必要なサービス、相談を受けて就労の準備をするケースもある。

市の中に各部横断的な組織があることから市役所内部で密接な連携体制が確保されているほか、人口規模が6万8千人であり、関係機関同士の連携も密接で、高齢者をはじめとした市民全体に対しても目が行き届きやすいということである。

農業については、各種セミナー・研修等を実施する中で重点分野として位置づけており、耕作放棄地で地場の野菜等を収穫、販売できるように事業を展開している。近隣に大規模工場があり、元工員として体力的にもレベルの高い高齢者が一定数居住しており、これらの者をターゲットに、セミナー、体験実習等を通じて農業への参加を促そうとしている。大型農業機器を扱えない、労働時間が流動的、収穫作業の負担が大きいこと等を理由になかなか進展していない面もあるが、そうした中、配送等の周辺業務を切り出して高齢者の就労につなげている。

5　豊中市（大阪府）－高齢者へのアウトリーチ－

地域就労支援センター（府下市町村に開設）において、10年ほど前から高齢者をはじめと

した就労困難者について、個人の能力等に着目した就労開拓、支援を行ってきている。平成25年度からは「シニアワークセンターとよなか」を設置し、高齢者向けのタブレット・スマホ教室や市外（豊能町）に農地を借りて「ライフワーク型」農業を実施している。農業は、収穫体験等を経てから作業に入るようにしているが、長時間の移動等が負担となり、実際に残るのは1～2割程度である。

　一方、手袋の検品のような内職に向いた作業を受託し、高齢者が集団で作業する場所を提供しているが、こちらは多数の参加があり、高齢者に向いた軽作業の発掘が事業の持続につながっている。このように農業や内職等を通じた就業機会の確保に加え、未開拓だった分野についても講習会等を開催し、新たな仕事にチャレンジできる仕組の構築を図っている。

　また、他地域の先行事例を参考に、平成24年度から、65歳以上の高齢者を対象とした「とよなか地域ささえ愛ポイント事業」を実施している。登録した高齢者が、介護保険施設等で話し相手やリクレーション補助などの高齢者支援活動をした場合にポイントを付与される仕組みであるが、高齢者へのアウトリーチの手法としても機能している。

6　福岡県－市町村との協力関係－

　平成24年から「福岡県70歳現役応援センター」を開設するなど、ワンストップサービスの走りともいえる事業展開をしてきた。センター来所者は98％が就業することを目的としており、そのうち86％は生きがい、仲間作りを目的としている。

　全県で事業を実施するうえで市町村の協力が不可欠で、広報等アウトリーチについては市町村に対して呼びかけを行い、認知度向上に努めている。

　福岡県では、セブンイレブンとの包括連携協定を締結しており、センターとの連携による高齢者雇用の推進や宅配サービス中の高齢者の見守り活動等、県行政10分野で協力している。センターでは協定に基づき、接客マナー講習やレジ打ち体験等を通じて、経験のない高齢者の抵抗感を緩和しながら就労につなげている。

　また、業務の切出し、分割化を通じた高齢者の就労領域を確保した事例があり、企業への啓発を通じて、その普及、拡充を進めている。

7　大阪府－民間企業との連携、高齢者ならではの強みを啓発－

　大阪府を事務局として平成28年6月に、地域の関係機関で大阪府高年齢者就業機会確保地域連携協議会を設置した。その後、国事業（生涯現役促進地域連携事業）を受託し、高年齢者の新たな職域拡大を目的とした「シニア就業促進センター」を開設している。

　本事業の特徴として、協議会メンバーの一つである府とセブン－イレブンとの間で包括連携協定を結んでおり、その一環として、高齢者の雇用を進めている。仕事説明会を通じて、商業、サービス業関係で就職につながった事例が相当数あるが、協定に基づく連携の中で、レジ打ち等の体験を実施しており、これが抵抗感を和らげ就業につながっているケースもあ

る。経験のない高齢者へのアウトリーチの方法として参考になる手法である。また、高齢者への周知方法として、新聞折込の求人広告紙（週に一度発行）や図書館へのビラの配布を活用しているが、これらの媒体は高齢者の生活との接点が多く効果があるようである。

高齢者雇用に前向きでない企業に対しては、日常業務の中から高齢者が担うことが可能と思われる業務の切出しし、コミュニケーション力や生活態度（時間厳守等）等の面で若者に勝っている点等を説明しており、一定の理解を求めるとともに、企業の高齢者雇用への意識醸成にも努めている。このような高齢者ならではの強みについては、上記の仕事説明会の場で高齢者に向けても自覚を促しており、意欲を引き上げる効果がある。

8　大分県－シルバー人材センターとの連携－

全県的な取組を進めるには至っていないが、県庁所在地を中心に開催した高齢者雇用推進のための集団面談会では、地元の企業の事情に明るいコーディネーター役の働きかけや、地元マスコミを活用したPRにより、多数の企業、高齢者の参加が実現しており、企業、高齢者それぞれに対するアウトリーチの好事例といえる。

とりわけコーディネーター役が日常的に企業と接触し、高齢者雇用に対する啓発を行う中で、企業の関心レベルや具体的ニーズを把握しており、こうした豊富な情報を背景に、企業ごとに的確に働きかけを行っている。

また、県と県庁所在地のシルバー人材センターとの協力、連携も進んでおり、県主催の面談会への参加者のうち軽易な就労を希望する高齢者を市のシルバー人材センターにつなげる一方、シルバー人材センターの会員に対する広報を通じ、本格的に就労を希望する層の面談会への参加を進めるなど、就業意欲のある高齢者を一定数会員として抱えるシルバー人材センターの特色を生かして高齢者のニーズに的確に対応している点で注目に値する事例でもある。

第3節　仕事をしていない高齢者のおかれている状況

　就労等を通じて高齢者の社会参加を推進するに当たり、そのターゲットとなるのは、まずは就労していない高齢者ということになろう。そこで、本節においては、労働政策研究・研修機構が平成26年に実施した「60代の雇用・生活調査」における60代の男女回答者3244名（本分析についての有効回答数3192）[6]のうち、「平成26年6月に仕事をしなかった者」1279名（40.1％）について、二次分析を行い、社会参加を促進するのに適した（現時点では社会参加していない）高齢者像を探ろうと試みた。その結果、就労したくないという意向と収入を得る必要性の低さとの間には相関があることが確認された。

　ここでは仕事をしなかった者について、その理由と生計状態を明らかにし、地方自治体等が政策対象者について検討する際の参考にしようとするものである。上記の調査で仕事をしていたか否かを尋ねている平成26（2014）年は、昭和22～24（1947～49）年生まれの団塊の世代が65歳に達するタイミングに当たり、60代後半層の8割近くを団塊の世代が占めることになる。その動向を探ることは、就労促進をはじめとした地域における高齢者の活性化策が、団塊の世代の職業生活からの引退を意識しつつ進められてきたことに鑑みても意義深いものといえる。

図表1-2　60代高齢者の就労状況と生計状況

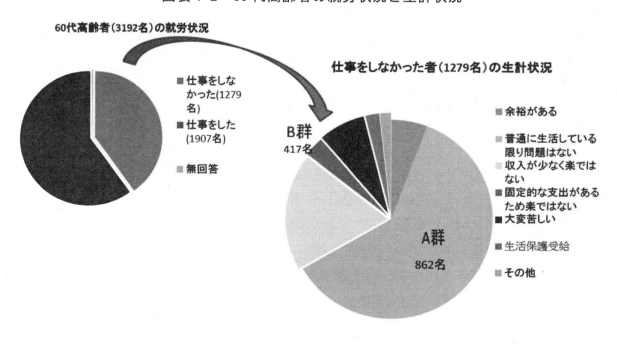

---

[6] 同調査の問27（生計状況）で、不詳・無回答の者を除くと3192名となる。

1 60代の高齢者の状況

　仕事をしていない60代の高齢者の状況を分析するに当たり、調査において、全ての者について、「生計状態」を尋ねていることからその結果に基づき、上記の「平成26年6月に仕事をしなかった者」1279名のうち「余裕がある」又は「余裕はないが、普通に生活している限り問題はない」と回答した862名を「収入を得る必要性が高くない」グループ（以下A群）、「収入が少なく、生活は楽ではない」、「借金の返済や、親・配偶者等の介護の経費など固定的な支出があるため、生活は楽ではない」、「貯蓄を取り崩して生活する状況で大変に苦しい」、「生活保護を受けている」及び「その他」と回答した417名を「収入を得る必要性の高いグループ」（以下B群）とし、両グループについて比較を行った（図表1-2）。

図表1-3　60代高齢者の仕事をしていない理由（生計状態別）

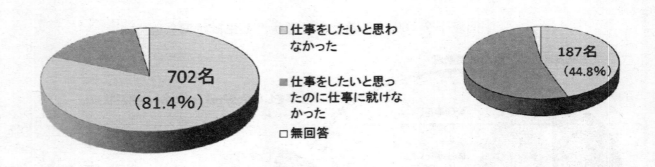

　A群862名の仕事をしなかった理由は、「仕事をしたいと思わなかった」とする者が702名（81.4％）、「仕事をしたいと思いながら仕事に就けなかった」とする者が140名（16.2％）となっている（20名は無回答）のに対し、B群417名については、それぞれ187名（44.8％）、221名（53.0％）となっており（9名は無回答）、収入を得る必要性の高くないグループ（A群）は、高いグループ（B群）と比べて就労への意欲が低いことがはっきりと見て取れる（図表1-3）。

　「仕事をしたいと思わなかった」理由について、A群（図表1-4右図）とB群（図表1-5右図）とを比較すると「経済上の理由」がA群128名（702名中の18.2％。以下同じ。）に対してB群7名（187名中の3.7％）と低いのはある意味当然として、以下同様に、「趣味・社会活動に専念したいから」が134名（19.1％）に対して8名（4.3％）、「家事などに専念した

いから」が162名（23.1％）に対し24名（12.8％）、「（自分の）健康上の理由」が120名（17.1％）に対し80名（42.8％）となっている。A群については、仕事以外にやりたいこと（趣味、社会活動、家事など）があるために仕事をしたいと思わないケースが、B群は健康上の理由で就労を断念しているケースがそれぞれ4割を超えており、仕事をしたいと思わない理由には大きな違いがあることが明らかとなった。

なお、A群の「経済上の理由」で仕事をしたいと思わない層は、この設問に対する回答が複数回答ではないことに留意する必要はあるが、生活上の必要性から働くことを迫られてはいないものの、さりとて趣味、社会活動、家事など仕事をしたいと思わない第一の理由としてあげる程に専念したいものがあるわけではないとも解しうることから、注意が必要である。

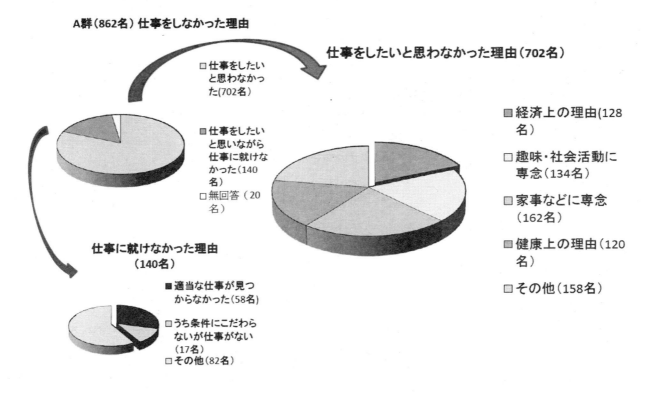

図表1-4　60代高齢者の仕事をしなかった理由（A群）

「仕事をしたいと思いながら仕事に就けなかった」と回答した者についても、その理由をA群（図表1-4左下図）とB群（図表1-5左下図）で比較をしてみると、「適当な仕事が見つからなかった」がA群58名（140名中の41.4％。以下同じ。）、B群78名（221名中の35.3％）となっており、A群の方が就労するか否かの判断に際し、条件をつけるなど自分の意向等をより反映させていることがうかがわれる。

この点については　「適当な仕事が見つからなかった」とする者のうち「条件にこだわらないが仕事がない」とする者（A群17名、B群29名）を差し引いて比率を見るとA群29.3％（140名中の41名）、B群22.2％（221名中の49名）となり、その傾向はさらに顕著にな

る。

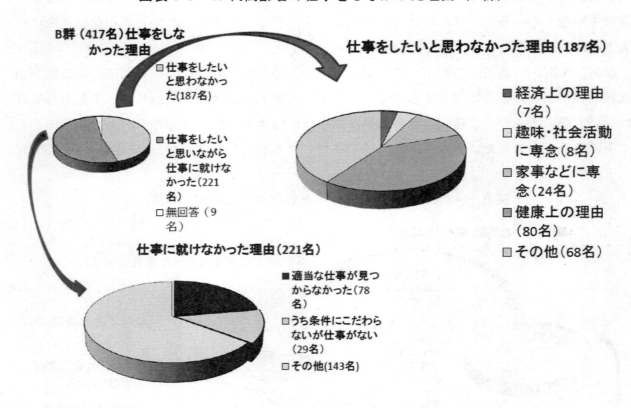

図表1-5　60代高齢者の仕事をしなかった理由（B群）

以上のように、就労への意欲を妨げる要因として、収入を得る必要性が高いか否かが作用していることが明らかになったが、以下では、60代後半層について詳しく見てみることとする。

2　60代後半層の高齢者の状況

1と同じ方法で、60代後半層の高齢者についてA群とB群に分けて比較を試みる。60代後半層1136名[7]について、平成26年6月に仕事をしなかったと回答した566名について、生計状況に基づいて分類するとA群399名、B群167名という結果となった（図表1-6）。

ここでも1と同様の結果が出ており、A群399名のうち「仕事をしたいと思わなかった」とする者が331名（83.0％）「仕事をしたいと思いながら仕事につけなかった」とする者が61名（15.3％）となっている（7名は無回答）のに対し、B群167名については、それぞれ79名（47.3％）、86名（51.5％）となっており（2名は無回答）、収入を得る必要性の高くないグループ（A群）は、高いグループ（B群）と比べて就労への意欲が低いことがはっきりと見て取れる（図表1-7）。

---

[7] 6と同様、調査の問27（生計状況）で不詳・無回答の者を除いている。

図表 1-6　60代後半層の高齢者の就労状況と生計状況

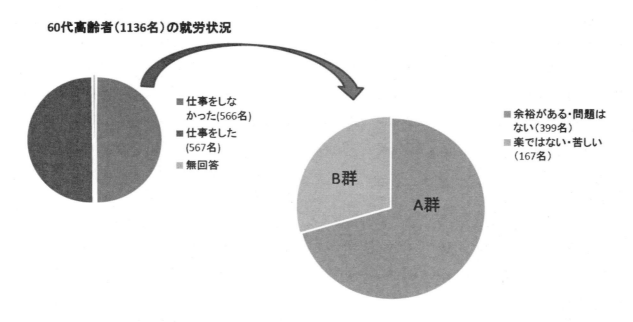

図表 1-7　60代後半層の高齢者の仕事をしていない理由

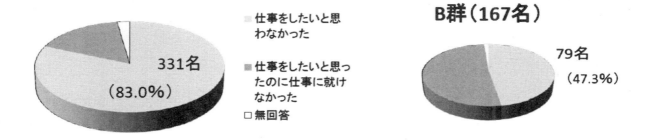

「仕事をしたいと思わなかった」理由について、A群（図表1－8右図）とB群（図表1－9右図）とを比較すると「経済上の理由」がA群67名（331名中の20.2%。以下同じ。）に対してB群4名（79名中の5.1%）と低いのは同様に当然のこととして、以下同様に、「趣味・社会活動に専念したいから」が73名（22.1%）に対して2名（2.5%）、「家事などに専念したいから」が62名（18.7%）に対し13名（16.5%）、「（自分の）健康上の理由」が57名（17.2%）に対し34名（43.0%）となっている。ここでもA群については、仕事以外にやりたいこと（趣味、社会活動、家事など）があるために仕事をしたいと思わないケースが、B群は健康上の理由で就労を断念しているケースがそれぞれ4割を超えており、仕事をしたいと思わない理由には大きな違いがあることが明らかとなった。

なお、A群の「経済上の理由」で仕事をしたいと思わない、生活上の必要性から働くことを迫られてはないものの、さりとて趣味、社会活動、家事など専念したいものがあるわけではないとも解しうる層（67名）は、仕事をしなかった566名のうち11.8%となっている。

「仕事をしたいと思いながら仕事につけなかった」と回答した者についても、その理由をA群（図表1－8左下図）とB群（図表1－9左下図）で比較をしてみると、「適当な仕事が見つからなかった」がA群27名（61名中の43.9%。以下同じ。）、B群29名（86名中の33.7%）となっている。「条件にこだわらないのに見つからなかった」とする者（A群11名、B群14名）を除いた比率でみてもA群26.2%、B群17.4%となり、1と同様に、A群の方が、就労意欲はありながら条件等がおりあわず就労に至らない傾向が強いことがわかる。

図表1-8　60代後半層の高齢者の仕事をしなかった理由（A群）

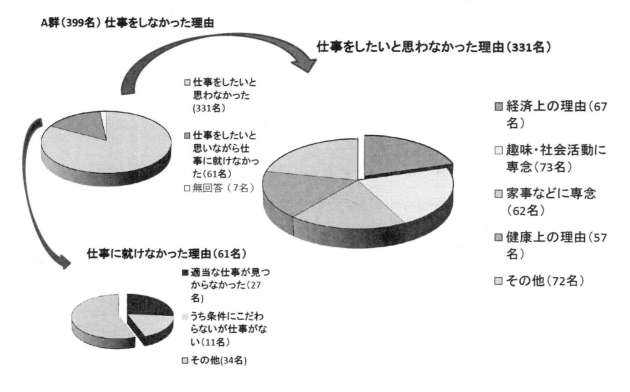

図表1-9　60代後半層の高齢者の仕事をしなかった理由（B群）

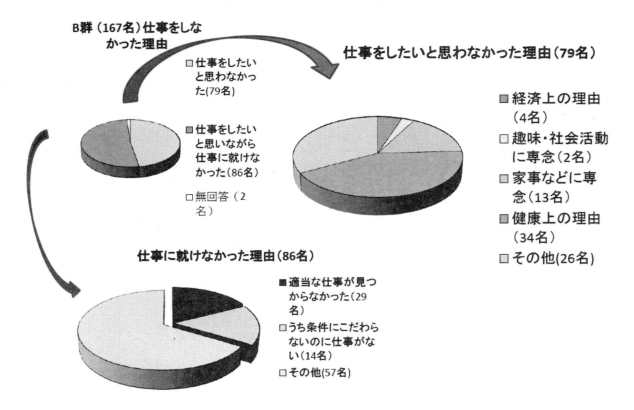

3　60代後半層の高齢者（男性）の状況

60代後半層のうち、職業生活から地域に戻ってきた「団塊の世代」とオーバーラップする男性層について詳しく見ることとする。

60代後半層の男性は677名[8]であるが、平成26年6月に仕事をしなかったと回答した293名について、生計状況に基づいて分類するとA群201名、B群92名という結果となった（図表1-10）。

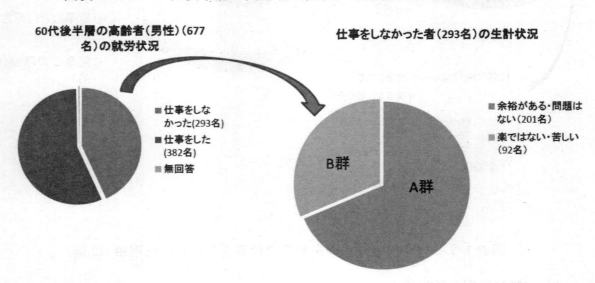

図表1-10　60代後半層の高齢者（男性）の就労状況と生計状況

ここでも1,2と同様の結果が出ており、A群201名のうち「仕事をしたいと思わなかった」とする者が159名（79.1%）、「仕事をしたいと思いながら仕事につけなかった」とする者が36名（17.9%）となっている（6名は無回答）のに対し、B群92名については、それぞれ40名（43.5%）、51名（55.4%）となっており（1名は無回答）、収入を得る必要性の高くないグループ（A群）と高いグループ（B群）との違いが明らかである（図表1-11）。

---

[8] 6、7と同様、調査の問27（生計状況）で不詳・無回答の者を除いている。

図表1-11　60代後半層の高齢者（男性）の仕事をしていない理由

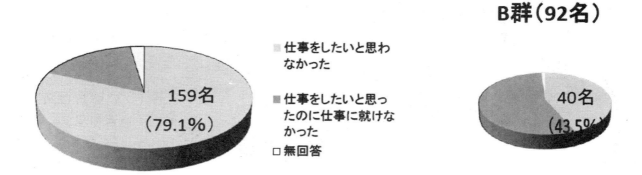

図表1-12　60代後半層の高齢者（男性）の仕事をしなかった理由（A群）

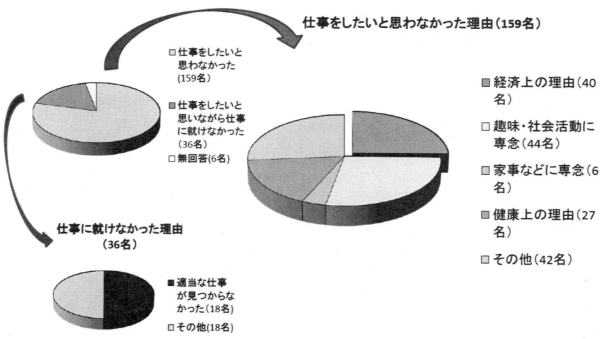

図表 1-13　60代後半層の高齢者（男性）の仕事をしなかった理由（B 群）

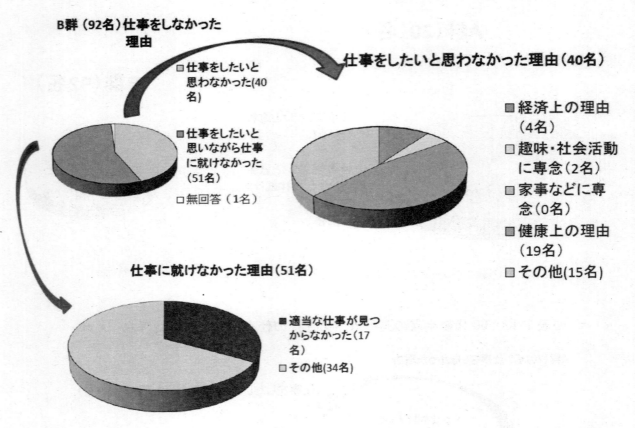

　仕事をしたいと思わなかった理由についても、A、B両群（図表 1-12 及び 1-13）の違いは明らかであるが、「家事などに専念」を理由とするケースが60代後半層（図表 1-8 及び 1-9）と比べて極端に少ない若しくは存在しないことが見て取れる。この年代では家事を担っているのは女性であることが多いことも伺われる結果となっている。

4　生活上の問題がなく仕事をしたいと思わない層の姿

　最後に、60代後半層男性のうち、収入を得る必要性の高くないグループ（A群）のうち、経済上の理由で仕事をしたいと思わなかったと回答した層、すなわち、生計状態は問題なく、仕事をしたいと思わない第一の理由としてあげるほど、趣味・社会活動や家事に専念したり、自分自身の健康上の問題があるわけではない層の姿について、同世代の全体との比較を通じて、学歴、健康状態、日常生活の状況等における特徴を調べることにする。地方自治体が高齢者にアプローチするに当たっては、なんらかの基準を設定してターゲットを絞り込むことが効果的であると考えられ、社会参加予備軍を炙り出す上でこれらの指標を組み合わせて絞り込むことも有効な場合があるのではないか。

　なお、この層（以下の図表では、「生計上問題なし」と表記している。）の人数は、図表 1-12「仕事をしなかった理由（A群）」右図にあるように40名であり、60代後半世代の男性全体

690名のうちの約6％を占めている。

(1) 学歴

学歴については、大学・大学院等卒業者が14名（40名のうちの35％、以下同じ。）で、60代後半層男性（以下「世代全体」という。）の165名（690名のうちの23.5％、以下同じ。）と比較して割合が高くなっているなど、最終学歴が高いことがうかがわれる（図表1－14）。

図表1-14　60代後半層男性の学歴

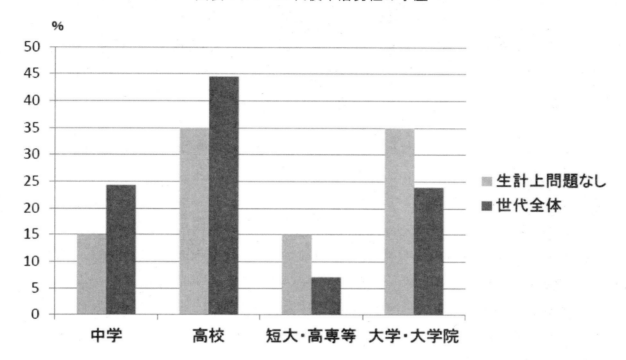

(2) 健康状態

健康状態については、健康状態が「大変良い」又は「良い」とする者が32名（80％）で、世代全体の468名（67.8％）と比較して割合が高くなっており、健康状態についても恵まれていることがうかがわれる（図表1－15）。

図表1-15　60代後半層男性の健康状態

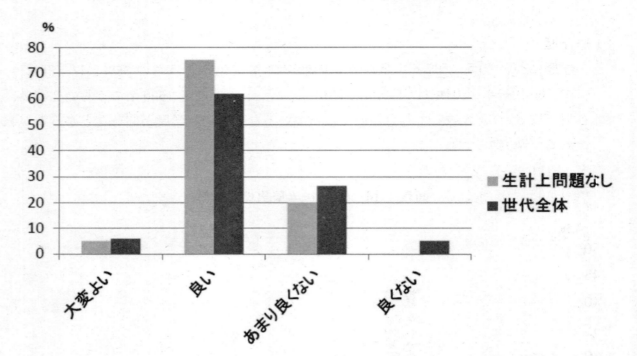

（3）普段の活動
　図表1-16に60代後半層男性の日常生活の様子を示した。
① 趣味の活動
　「趣味の活動（習い事、社交ダンスや軽スポーツ、園芸など）を楽しんでいる」とする者は23名（57.5%）で、世代全体の329名（47.7%）と比較して割合が高くなっており、趣味を通じて生活を楽しんでいることがうかがわれる。
② 身近な外出
　「買い物に出かけたり、近所の人とお茶を飲んだり、親戚訪問などをしたりして、身近な外出を楽しんでいる」とする者は16名（40%）で、世代全体の205名（29.7%）と比較して割合が高くなっており、身近な外出を楽しんでいることがわかる。
③ 社会貢献活動
　「時々、社会貢献活動（ボランティアや自治会活動、市民運動など）に携わっている」とする者は11名（27.5%）で、世代全体の170名（24.6%）と比較して割合がやや高くなっているが、ボランティア等に専念するために仕事をしたいと思わない層は「趣味・社会活動に専念」を理由にあげるためか、大きな開きにはなっていない。
④ その他
　「主に家でのんびりしている（外出することは少ない）」とする者は15名（37.5%）で、世代全体254名（36.8%）とほぼ同じ割合である。

「病院通いをしている」とする者は3名（7.5％）で、世代全体の130名（18.8％）と比較して相当程度低い割合となっているが、(2)の健康状態を反映したものと考えられる。

「家族の看護・介護をしている」とする者は4名（10.0％）で世代全体の51名（7.4％）と比較して多少高い割合になっている。

図表1-16　60代後半層男性の日常生活

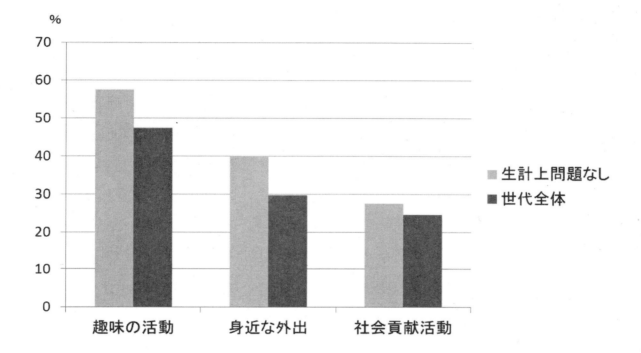

以上から、60代後半男性で、生計上問題なく、「経済上の理由」で働きたくないとする層は、学歴が高く、健康状態も良好で、普段は家でのんびりしていることは少なく、社会貢献活動には熱心であることが伺われる。

5　まとめ

本節では、生計の状態でAB二群を設定して比較、分析を行ったが、この中で緊要度が極めて高いと考えられるのは、生計上、収入を得る必要性の高いB群のうち、仕事をしたいと思いながら仕事につけなかった層で、とりわけ「条件にこだわらないのに仕事がない」とする者であろう。60代全体3192名のうち、約1％の29名が該当している（図表1-5左下図参照）。

一方、今回のヒアリング対象となった自治体の実施している「連携事業」が、65歳を超えて地域に戻ってきた団塊の世代の「出番」と「居場所」を見つけることを目的のひとつとし

ていることにも鑑み、生活上の問題がなく仕事をしたいと思わない層についても検討した。60代後半層の男性のうち、生計状態は問題なく、仕事をしたいと思わない第一の理由としてあげるほど、趣味・社会活動や家事に専念したり、自分自身の健康上の問題があるわけではない層の実態にアプローチを試みたのが、上記の40名に係る分析であり、同世代の男性の6%弱を占めていた。

　以上の知見は、今後多くの自治体等が事業を展開していく上で、どのような者をターゲットとするかにもよるが、地域において就労していない高齢者のうち、事業の対象となる者の推計をする上で参考になるものと思われる。

第2章　柏市（千葉県）の事例－自治体を中心とした取組のさきがけ－

　本章では、柏市の事例を紹介しよう。柏市は高齢者雇用に関するプロジェクトにおける草分け的存在であり、柏市の取組は「柏モデル」として後続の自治体の参照点となっている。本稿では、高齢者雇用における柏市の取組を、一連の事業として行ってきた生きがい就労事業、セカンドライフプラットフォーム事業、そして現行の生涯現役促進地域連携事業に適宜触れながら紹介していこう。

　柏市の連携事業は、いくつかの団体の取組によって成り立っている。本章の目的は柏市の連携事業に携わってきた各関係者の視点[1]から、どのような取組がなされてきたのか、そしてその評価を論じるなかで、柏市の事例がもつ高齢者雇用に関する成功の要因と今後の課題を浮き彫りにすることにある[2]。

第1節　地域のすがた

　柏市は、高度経済成長を機に東京近郊のベッドタウンとして人口が増加し、発展してきた町である。そのため出生コーホートには偏りがあり、今後急速な高齢化が懸念されている。特に柏市にある豊四季台団地は、高齢化率が40％を越えており、今後の日本の都市部における急速な高齢化を予見する重要な試金石となっている。図表2-1は国立社会保障・人口問題研究所の『日本の地域別将来推計人口』（平成25年3月推計）データから、柏市の人口動態をグラフにしたものである。このデータによれば、生産年齢人口は2040年までに57.5％まで減少し、65歳人口は31.7％まで増加する見込みである[3]。

　急速な高齢化を懸念した柏市は、近年高齢社会に対応したまちづくりやその施策を積極的に行っており、その一環として高齢者に対する就労支援を拡充してきた。高齢者支援に関するプロジェクトは多方面から進められてきたが、ベッドタウンとしての柏市の特性と住民の特徴を加味するなかで、今まで同様のライフスタイルを保ちながら高齢者が継続的に仕事を行えるよう就労支援をすることが肝要だという認識が生まれてきた。こうして柏市における

---

[1] 今回の調査では、いくつかの団体に対して聞き取りを行った。本章での議論は、ニッセイ基礎研究所の前田展弘氏（生活研究部　主任研究員）、一般社団法人セカンドライフファクトリーの矢富直美氏（理事長）・中村年雄氏（理事）・風間弘美氏（学術員）、柏市役所の吉田祐介氏（保健福祉部福祉政策課　副主幹）、そして柏市シルバー人材センターの松田誠氏（総務担当）・小城亨氏（常務理事兼事務局長）・藪由紀子氏（ジョブコーディネーター）への聞き取り結果をもとに構成されている。前田展弘氏への聞き取りは平成29年6月16日、セカンドライフファクトリーへの聞き取りは平成29年7月7日、柏市役所への聞き取りは平成29年7月10日、柏市シルバー人材センターへの聞き取りは平成29年7月24日に実施した。調査に応じてくださった皆様には、記して感謝申し上げたい。
[2] 本稿は、聞き取り調査によって得られた知見を著者が再構成したものである。
[3] ただし、同データにおける65歳以上人口割合の全国平均は2040年時点で36.1％となっており、とりわけ柏市が局所的に高齢化していくのではなく、むしろ全国平均と比べて緩やかに高齢化するであろうことが推測される。千葉県における高齢化率だけを見ても2040年時点で36.5％と予想されており、千葉県の中においても柏市は比較的高齢化の進みが遅い地域であることがわかる。

高齢者の雇用政策は、生きがい就労という取組を中心として精力的に進められてきた経緯がある。

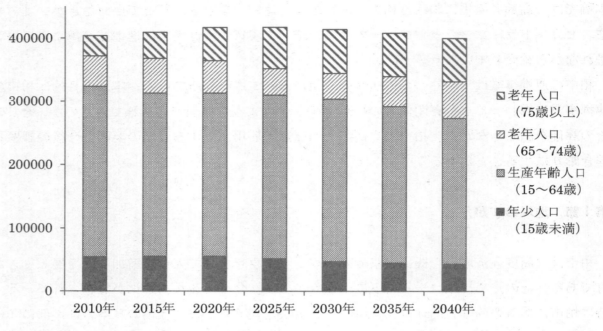

図表 2-1　柏市の人口動態の推移

出典：国立社会保障・人口問題研究所『日本の地域別将来推計人口』（平成 25 年 3 月推計）より作成

以上の状況を踏まえ、次節では柏市が高齢者の雇用をどのようにサポートしてきたのかを追っていく。

第 2 節　柏市の取組の概括

　柏市の高齢者雇用に関する取組は、2009 年から継続的に行われている。柏市は 2009 年から 2013 年には「生きがい就労事業」、2014 年から 2015 年では「柏市セカンドプラットフォーム事業」、そして 2016 年からは「生涯現役促進地域連携事業」に携わっている。事業は短期的に変わりながらも、柏市は 10 年近くにわたり高齢者就労の支援を続けている。では、時系列順にどのような取組を行ってきたのかを概観しよう。

1　生きがい就労事業について

　生きがい就労事業は、長寿社会のまちづくりを進めるという目的で柏市・UR 都市機構・東京大学の高齢社会総合研究機構が共同して始動したプロジェクトの一環である。医療・介護・住まい・生活支援サービスなど包括的な地域ケアのシステムを構想するなかで、地域の高齢者が地域内で就労でき、自立的な生活を維持できるような生きがい就労の創成がひとつ

の焦点となってスタートした。生きがい就労とは、生活費を稼ぐ目的ではなく、健康のためや人とつながるためなど、いわば賃金ではなく生きがいを得ることを志向する働き方のことを指している。こうした支援事業のメインターゲットとなるのは、言うまでもなく生活困窮者ではない。ある程度年金などで生活が可能であるが、生きがいや「つながり」を求めて働きたいとする高齢者であり、働かなければならないという必要性に駆られていない高齢者がその中心的な対象者として設定されている。

　生きがい就労事業の主要な業績としては、東京大学が主導する高齢者への就労セミナーを通して、多くの雇用を創出したことが挙げられる。2013年で事業が終了するまで、700名ほどの高齢者が就労セミナーに参加し、延べ230名の雇用を創出したとされている。高齢者の就労先は農業、保育、福祉などの事業が多く、休耕地を利用した都市型農業事業「柏農えん」や高齢者による保育補助を謳った「学校法人くるみ学園」、高齢者による介護補助を行う福祉サービス業の「柏こひつじ園」など枚挙にいとまがない。以下の図表2-2は、生きがい就労事業において開拓した事業とその具体的な事業の担い手、そして2013年3月末時点での就労人数をまとめたものとなっている。

図表2-2　生きがい就労事業における事業開拓とその成果

		開拓した事業	具体的な事業の担い手	
柏市　UR都市機構　東京大学	柏市豊四季台地域高齢社会総合研究会	全体事業統括組織	農業関連事業 → 「柏農えん」LLP　セカンドライフ・ファクトリーなど	42名*
			保育・子育て支援事業 → 学校法人くるみ学園など	20名*
			学童保育事業 → 杉浦環境プロジェクト(株)	25名*
			生活支援・生活実業事業 → 東京海上日動ベターライフサービス(株)	15名*
			福祉サービス事業 → 社会福祉法人小羊会　柏こひつじ園など	65名*

*数値は2013年3月末時点

　出典：前田（2015）[4] より一部修正

---

[4] 前田展弘，2015，「『柏プロジェクト』の概要と展望——年齢に関わらず活躍し続けられる一億総活躍社会に必要な取組み」（https://www.kantei.go.jp/jp/singi/ichiokusoukatsuyaku/iken_koukankai/dai2/siryou4.pdf）

この就労支援事業は、最も成功した高齢者支援事業であると評価されており、「柏モデル」として後続の自治体から模範とされている。その成功の原因は、シンポジウムの開催などまちづくりとしての啓発機会が多かったこと、柏市・UR・東京大学という名前がもっているブランド力、事業に携わっていたスタッフのマンパワーなどがその成功因子として考えられる。つまり柏市において生きがい就労を望む高齢者を発見し、東京大学や UR の力を借りてうまく労働に結びつけることができたことが、本事業における成功の方程式であった。今まで生計労働の必要性に駆られていない高齢者に対し、そのニーズを発掘し就労機会を提供することができていなかった。本事業においては、生きがいを求めて働こうとする高齢者を、様々な受け皿を発掘・創出することによって雇用・就労に結び付けた点が一番の功績であろう。この点について、当初から事業の企画・立案に関わってきた前田展弘氏は以下のように語っている。

　　　いわゆるシニアは 1 層 2 層 3 層あって、1 層は大学の教授とかスペシャリストとかほっといてもいい層で、3 層はもう生活困窮でなんでも働かなきゃという層。そういう方はハローワークさんとかでやるしかない。2 層、いわゆるゼネラリストも含めて普通のシニアの方がセカンドライフに行くときに、それを仲介というか応援する社会のインフラというのはない。そういう課題のなかで、生きがい就労のときは、ちょうどそこの 2 層部分にうまく答えられたのかなと思っているんですよね。

2　セカンドライフプラットフォーム事業について

　その後継事業として発足したのが、厚生労働省のモデル事業として行われた柏市セカンドライフプラットフォーム事業である。ここでは基本的に生きがい就労事業と同様の路線が展開されたが、就労のみならずボランティア、生涯学習、趣味や健康づくりなど非就労分野における高齢者の社会参加も視野に入れ、これらの情報を一元化したプラットフォームを構築することによる高齢者への円滑な情報提供を目的とした事業であった。

　柏市セカンドライフプラットフォーム事業における具体的な取組をまとめたものが、以下の図表 2-3 となっている。この取組によって、2 年間で約 95 名の就労と 49 名のボランティアの進路決定者を輩出した。さらに各関係部門との有機的な連携創出を生むために「柏市セカンドライフネットワーク会議」[5]を立ち上げたことも、本事業の特徴である。

―――――――――――――――――――

[5] これが現在の生涯現役促進地域連携事業の前身となっている。

図表 2-3　セカンドライフプラットフォーム事業の内容

□ Webサイト「セカンドライフ応援サイト」による情報発信
□ セカンドライフ応援窓口開設を通した相談
□ セカンドライフ応援セミナーなど、セミナーでの啓発活動
□ 商工団体への説明、電話営業・戸別訪問による求人開拓
□ 「柏市セカンドライフプラットフォーム事業行動指針」に基づいた
　　市役所各課からの情報提供体制の確立

出典：柏市役所への聞き取り[6]より著者作成

　このように誕生したセカンドライフプラットフォーム事業は、生きがい就労事業の発展型としての役割が期待されたが、様々な問題によって生きがい就労事業ほどの成果を挙げることはできなかった。その原因として考えられているのは、大きく2点である。

　第1に、メインターゲットとなる高齢者層へのケアを広げすぎてしまったため、生きがい就労を目的としている高齢者層にうまく訴求できなかったことが挙げられる[7]。この問題は、柏市セカンドライフプラットフォームという事業において高齢者雇用の促進が前事業よりも進展しなかったことと関連していると考えられる。

　第2に、高齢者とのマッチングの部分での難しさが挙げられる。生きがい就労事業のなかで誕生し、セカンドライフプラットフォーム事業で中心的な役割を果たしたセカンドライフファクトリーは、職能教育の難しさを指摘する。切実に仕事を求めている高齢者は、すでに求人広告やハローワークで仕事を見つけている。しかし生きがい就労を求めている高齢者は、自分の気に入った仕事がない、自分の生活に適した仕事が見つからないとして諦めている場合が多く、なかなか相談窓口にすら現れないという。彼らをどのように窓口へと誘い、どのような職能教育を施すことが適切なのかという点が現実的な課題として存在した。

3　生涯現役促進地域連携事業について

　そして現在柏市が着手しているのが、生涯現役促進地域連携事業である。セカンドライフプラットフォーム事業からは求人開拓、相談窓口の開設、就労セミナーの実施、WEBページによる情報発信に加え、協議会の事業構成や組織構成などがその役割として引き継がれている。生涯現役促進地域連携事業における特徴は、事業と連携した形で協議会が組織されたことであり、この点は本事業が今後成功するうえで重要な要素でもある。

---

[6] 柏市保健福祉部福祉政策課，2016，「高齢者の就労社会参加支援」の資料を参照した。
[7] その点に関しては、「セカンドライフプラットフォーム事業」という言葉が人口に膾炙しなかったことも、前事業ほど対象者をうまく集めることができなかった一因であると考えられている。

図表 2-4　生涯現役促進地域連携事業の内容

- 事業所訪問による高年齢者を活用したワークシェアリングの導入提案や高年齢者が担うことができる仕事の開拓
- 重点分野に特化した就労セミナーや就労意欲喚起のための意識啓発イベントの開催
- 柏セカンドライフ応援サイトを活用した開拓求人情報の公開
- ハローワーク、シルバー人材センター、その他関係機関と連携した、相談窓口の設置による高年齢者の多種多様なニーズに応える情報提供
- 東京大学が開発する、人工知能を活用して高年齢者と仕事のマッチングを行う「マッチングシステム」と高年齢者の「能力評価ツール」の活用

出典：厚生労働省（2017）[8]より抜粋

　基本的な取組はセカンドライフプラットフォーム事業から継続して行われており、その具体的な取組は図表 2-4 に掲載した。各々の事業は個別的・自律的に続けられているものの、現在までの成果[9]では高齢者雇用は拡大の途上にあるようである[10]。付言しておくが、この生涯現役促進地域連携事業は現在も進行中のプロジェクトであり、最終的な評価を下す段階ではないと考えられる。

4　柏市シルバー人材センターとのかかわりについて

　本項では、柏市の高齢者雇用に関する事業において、柏市のシルバー人材センターがどのように関与してきたのかを取り上げる。前項で述べた柏市の 3 事業には、シルバー人材センターがそれぞれ関与している。高齢者雇用において柏市のシルバー人材センターが果たした役割を展望することで、他の地域における取組と比較する一つの材料としたい。

　生きがい就労事業においては、就労先と高齢者のどちらにも情報を提供するという形でマッチングを促進していた。前述のように生きがい就労事業は地域のニーズを掘り起こして多くの雇用を創出する一方、高齢者の掘り起こしに関しても一定の成功を収めた。その成果とノウハウを継承するために、セカンドライフプラットフォーム事業ではジョブコーディネーターと呼ばれるシステムが柏市のシルバー人材センターに導入された。柏市の高齢者雇用事業はシルバー人材センターと連携し、当初の生きがい就労の目的が生涯現役促進地域連携事

---

[8] 厚生労働省，2017，「生涯現役促進地域連携事業（平成 29 年度開始分）応募団体」(http://www.mhlw.go.jp/file/04-Houdouhappyou-11703000-Shokugyouanteikyokukoureishougaikoyoutaisakubu-Koureishakoyoutaisakuka/0000157891.pdf).
[9] 2017 年 7 月時点。
[10] こうした背景の一つに、高齢者雇用はあくまで「高齢者の健康寿命の延命」という福祉政策の一環として取り組まれている点が挙げられる。柏市役所は前述のように高齢者に対する包括的なケアシステム構築の一環として高齢者就労支援に携わってきたため、こと高齢者の「雇用」という観点から見れば、今なお拡大過程にあるといえる。

業へと引き継がれている。

　一方で柏市においては商業施設が多数あり、いわゆる「臨・短・軽」をみたす請負になじむ業務が多数あるために、こうした仕事が就労につながるケースが多く、地域の労働市場においても大きな役割を果たしている。そのような分野で高齢者と業務のマッチングが進んでいることを考えると、柏市の高齢者雇用事業にとってはシルバー人材センターなど関連機関との関係を強化することが望まれるところである。

5　柏市の高齢者雇用支援から見えること

　柏市の高齢者雇用をめぐる事例を通して、成功の因子と今後の課題を検討していこう。

　まず柏市において生きがい就労を望む高齢者が多く、彼らの要望に応える形での就労支援の体制が整っていたことが挙げられる。そのうえで重要になったのは、東京大学などが主体となって開催する就労セミナーによって、柏市の生きがい就労を求める「やる気ある高齢者」を集めることができた点である。就労先の開拓とともに高齢者を多く集められたことは生きがい就労の成功事例を産んだ要因であり、大学の知名度もコーディネート機能を高めるのに役立ったといえよう[11]。

　生きがい就労として継続的に働けているのは、斡旋した仕事内容も関係していると思われる。農業分野については、さほど広大ではないスペースを活用した作物の栽培、家庭菜園的なものなど比較的軽易な作業で対応できるレベルの事業を発掘しており、これが継続的就労につながっている。このような身の丈にあった事業の発掘・創造にあたっては、地域の事情に詳しいコーディネーターの果たす役割が大きいと考えられる。

　ここで一層、柏市のジョブコーディネーターの重要性が浮き彫りになる。高齢者のニーズに合った職業を探し、斡旋することが生きがい就労を望む高齢者にとっては決定的に重要である。なぜならば、生きがい就労を求める高齢者の多くは、自分が今まで行ってきた仕事の延長上にある仕事、あるいは専門性が高くやりがいがあると思われる仕事を欲している。シルバー人材センターで提供されていた従来の仕事では、今までの職務経験も活かされず、またやりがいも得られないだろうと考えてしまう結果、生きがい就労自体を諦めてしまう高齢者の事例も指摘されていた。今までこうした生きがい就労のニーズに対応できるような存在が欠けていたが、これを補完するのがジョブコーディネーターの役割であるといえる。

　大学のブランド力を利用して関係機関が一体となった大規模なマーケティング、生きがい就労を希望する高齢者の難しいニーズに細かく対応するジョブコーディネーターの存在が、柏市の高齢者雇用支援が「柏モデル」として有名になった要因であると分析できる。裏を返せば、現在柏市が行っている高齢者雇用支援が「停滞」していると一部の人から評されてい

---

[11] 本事例は、生きがい就労を求める高齢者を惹きつけるという点において、そのネームバリューがうまく機能した一例であることは疑いの余地がない。だからといって、どの自治体でも大学のブランド力を利用した取組が望ましいということではないことに留意が必要である。柏市の高齢者にとっては、東京大学というシンボルに重要な意味があり、生きがい就労を探すうえでも重要な役割を果たしたという点こそが本稿の主張となる。

るのは、この2点がうまくいっていないためであると考えられる。高齢者雇用にとって嚆矢的存在である柏市でさえ、なかなか人が集まらないという現状があることは前述のとおりである。自治体の方針や取組をしっかり根付かせていくことが肝要になる。そしてシルバー人材センターなどの関係機関が最大限に機能し、高齢者や地域のニーズを拾い上げるためにも、柏市や柏市シルバー人材センターなど協議会メンバーの一層の関係強化が望まれる。

　では、柏市の高齢者雇用支援から見える今後の課題とは何なのか。本稿の事例からは、大きく2つの改善点が見えてくる。

　1点目は、高齢者雇用に携わる各アクターが目的を共有し、地域が一体となって協働していくことである。その最たる例が、生涯現役促進地域連携事業と連携して成立した協議会である。協議会では高齢者雇用に関わる各アクターが連携して事業を進めていく必要がある一方で、その協働が進んでいないことが指摘される。今後は協議会のなかでの明確な目的を設定し、理想的な協働体制を築いていくことが求められる。

　大局的に見れば、「柏モデル」として成功を収めた生きがい就労事業から数年が経過し、現在その担い手や目的が変化しつつあることは疑いの余地がない。シルバー人材センターなど高齢者の雇用・就労の支援に関わっている生涯現役促進地域連携事業の協議会のすべてのアクターが、かつての成功経験に縛られることなく、関係者が一体となった支援体制を再構築する段階に差し掛かっているのかもしれない。

　2点目は、高齢者就労に携わるアクターが、それぞれ就労を求める高齢者の個々のニーズに応えていくことである。とりわけ柏市の事例に即して言えば、柏市内の生きがい就労を求める高齢者を発掘し、丁寧なサポートで就労につなげていくことが重要である。このためには、今まで以上に協議会が協働し、細やかな対応をしていくことが求められる。

　本章で議論してきた柏市の事例は、地方自治体を中心とした高齢者活性化の取組の嚆矢的なものであり、その成功が謳われている。その成功の要因は高齢者をうまく事業に取り込んだ生きがい就労のプロジェクトにあり、高齢者のニーズに細かく対応できるジョブコーディネーターの存在にあると考えられる。

第3章 鎌倉市（神奈川県）の事例－地域資源の活用に向けた取組－

本章では、鎌倉市が取り組んできた高齢者雇用に関する事例を紹介しよう。鎌倉市は 2016 年度の生涯現役促進地域連携事業から高齢者雇用に積極的に乗り出し、その独自の施策で注目を集めている自治体である。本章では、鎌倉市の健康福祉部高齢者いきいき課への聞き取り[1]を通して浮かび上がってきた、鎌倉の地域資源の活用に向けた取組とその現状を報告していく。

第1節 地域のすがた

鎌倉市は、源頼朝が幕府を設置した以来の伝統を持つ、由緒ある町である。また鎌倉市は海と山とそれぞれの自然にあふれており、その景観や歴史的な蓄積から多くの観光客が集まる一大観光地としても有名である。平成 28 年における鎌倉市への観光者数は、約 2100 万人[2]にのぼり、特に外国人観光客の集客という点で鎌倉市の存在はひときわ輝くものとなっている。その一方で、活気と観光客が集まる江ノ島電鉄周辺の後背地には自然に囲まれた閑静な住宅街が広がっており、特に一部の地区は別荘地としても名高く、多くの高所得者層が住む町でもある。

そんな活気のある鎌倉市であっても、今後の人口動態という点で見れば、高齢化の波は避けられないものであると推察されている。図表 3-1 は、国立社会保障・人口問題研究所の『日本の地域別将来推計人口』（平成 25 年 3 月推計）データから、鎌倉市の人口動態をグラフにしたものである。このデータによれば、生産年齢人口は全体の約 6 割を占めている 2010 年時点の状況から、2040 年には 51％まで減少すると推測される。また、鎌倉市全体に占める割合を見てみると、2010 年では 27％程度であった老年人口は、2040 年までに 40％近くまで増加する見込みである。

鎌倉においても高齢化が進んでいるという実感が差し迫ったものとなるなかで、鎌倉市は厚生労働省の生涯現役促進地域連携事業の存在を知り、本格的に高齢者の雇用への取組を始めた。そして鎌倉市の取組は、その他の自治体では見られないような独自性で現在話題を呼んでいる。それでは、以下の節でどのようにして鎌倉市が生涯現役社会の実現に向けた取組を行っているのかを、その事業における重点事業という点に着目しながら俯瞰していく。

---

[1] 鎌倉市への聞き取り調査に応じてくださったのが、鎌倉市健康福祉部高齢者いきいき課いきいき福祉担当主事の新井雄一朗氏と鎌倉市健康福祉部高齢者いきいき課いきいき福祉担当課長の小宮純氏である。また当該調査は、平成 29 年 9 月 29 日に行われたため、その時点までの取組をまとめたものとなっている。調査に応じてくださった皆様には、記して感謝申し上げたい。
[2] 鎌倉市役所 HP の「観光客数及び海水浴客数」データより。（https://www.city.kamakura.kanagawa.jp/kamakura-kankou/0803kankoukyakusuu.html）

図表 3-1 鎌倉市の人口動態の推移

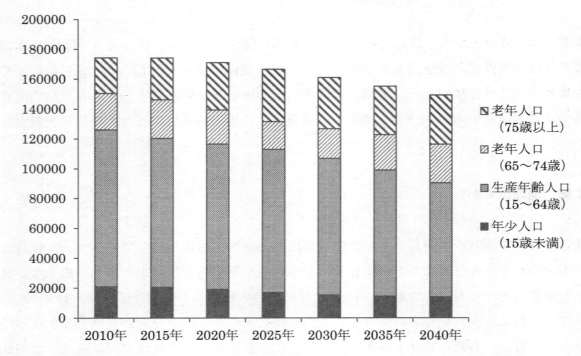

出典：国立社会保障・人口問題研究所『日本の地域別将来推計人口』（平成 25 年 3 月推計）より作成

第 2 節　鎌倉市の取組の概括

1　事業の概要

　まずは、鎌倉市がどのような経緯で生涯現役促進地域連携事業を知り、高齢者雇用支援に乗り出すこととなったのかを尋ねたところ、この分野における識者である東京大学高齢社会総合研究機構の特任教授（以下、「教授」）の存在が明らかになった。教授からの情報を得て高齢者の就労支援を行う生涯現役促進地域連携事業なる存在があるということを認知するなかで、高齢化の予兆を感じ取っていた鎌倉市役所は生涯現役社会の実現に向けて動き出すことを決めたという。特に鎌倉市では、産業の活発化に向けて高齢者の就労が今後どうしても必要になるだろうと考えていたことに加え、もう一つ生涯現役促進地域連携事業へ参入する決め手となった要因がある。それは、本事業を通して、鎌倉市のシルバー人材センターと鎌倉市が協調して高齢者支援を行っていきたいという思惑である。高齢者の就労支援にはシルバー人材センターの存在が必要不可欠であり、したがって本事業のなかでシルバー人材センターとの協同関係を構築し、より一層高齢者の就労支援を推進したいと考えていた。

　こうして始まった生涯現役促進地域連携事業への参入であったが、立ち上げに当たって最も苦心したこととして協議会のメンバーをゼロから集めなければならないことが挙げられた。鎌倉市としての高齢者就労支援の取組は、この生涯現役促進地域連携事業までほとんど行われてこなかったため、事業を進めるうえでの運営や資金繰り、協議会の構成員集めなどにつ

いてのノウハウや知識が不足していた。そこで前章で取り上げた柏市の取組みにおいても中心的な役割を果たした教授へ声をかけ、アドバイザーとして協議会のメンバーに加わってもらうことになった。こうした経緯もあり、鎌倉市の協議会の体制づくりは柏市のモデルを参考にして行われた。柏市と共通するアドバイザーの存在[3]、白紙の状態から協議会を作り上げる必要性などの要素が、柏市のモデルを導入する要因であったと考えられる。柏市のモデルにおいて参照されたのは、組織の体制づくりや事業構想の計画などが中心となっており、その点において鎌倉市の事例は前章で議論した柏市との比較を通して議論すべきであるといえよう。

図表 3-2　生涯現役促進地域連携鎌倉協議会の構成メンバー

公益社団法人　鎌倉市観光協会
社会福祉法人　鎌倉市社会福祉協議会
公益社団法人　鎌倉市シルバー人材センター
鎌倉商工会議所
湘南信用金庫　鎌倉営業部
株式会社　みずほ銀行
株式会社　横浜銀行
東京大学　高齢社会総合研究機構　教授
鎌倉市

　図表 3-2 は、鎌倉市における生涯現役促進地域連携事業の協議会メンバーの一覧である。最も注目すべき点は、その構成メンバーに鎌倉市の観光協会が加わっていることである。前述のとおり鎌倉市は観光資源が豊富であり、国内外問わずに多くの観光客を集める観光地として有名である。その観光資源を何らかの形で高齢者の就労支援に用いることができないかと声かけしたところ、鎌倉市の観光協会が生涯現役促進地域連携事業に参加することとなった経緯があった。鎌倉市に存在する豊富な観光資源を活かすために、観光協会をメンバーに加えて高齢者就労支援に乗り出した点が、鎌倉市の最たる特徴となっている。

　では、鎌倉市の観光協会はいかなる形で生涯現役促進地域連携事業へと参加しているのか。調査時点の 2017 年 9 月時点では、まだ鎌倉市観光協会が直接的に関与した取組は挙げられていなかったが、2018 年の 1 月と 2 月にかけて行う第 2 回目の高齢者に対する就労セミナーが観光協会の最も大きな関与であると考えられていた[4]。このセミナーは第 1 回目では「スキル

---

[3] 教授は柏市生涯現役促進協議会の構成員も同時に務めている。
[4] 第 2 回目として始動した「シニアのための観光スキルアップセミナー」は、20 名の先着としていたものの、予想外の参加者が集まったことで定員を 20 名から 40 名に増やし、追加分の定員に関しては応募者の中からの抽選で決定することとなった（http://www.kamakura-geneki.net/seminar/2017-12-15/349）。

—33—

アップセミナー」と銘打たれ、高齢者の就労に関する基礎的なスキルを幅広く向上させることを目指し、7月と8月に全4回で実施された。第2回目の「シニアのための観光スキルアップセミナー」は、このスキルアップセミナーとは異なり、観光協会の人間を講師として呼び、観光をテーマに具体的な高齢者の就労につながるような知識やスキルを身に付けさせることを目的としている。そこでの鎌倉市の意図は、鎌倉市に住む高齢者に観光に対する興味・関心を抱かせ、段階を経ながら通訳やガイドなどの専門性の高い、観光業を支えるような高齢者の人材を育成していくことにあった[5]。

このように鎌倉市の重点業種として特筆すべきは観光関連業であるが、それ以外にも鎌倉市が注力している分野がある。それは、IT関連業である。一般的な都市のモデルと比較した際の鎌倉市の特徴として挙げられるのが、観光に加えて「情報通信業」および「学術研究、専門・技術サービス業」である。近年では、鎌倉市にIT企業が集積していることが話題を呼び、鎌倉市としてもIT関連事業を積極的に誘致・起業促進していくことを目指している。特に古都・鎌倉市は、土地利用に関する制限から大規模な事業所の誘致などが見込めない。そのため、比較的小規模で周辺環境への負荷が少ないIT関連業を推奨することは、土地の効果的な利用と新興産業からのまちの活性化という一石二鳥の施策となっているのである。

高齢者の雇用という観点からも、IT関連業は魅力的な要素となっている。鎌倉市の高齢者就労支援は緒に就いたばかりであり、まだこの取組が十分に成熟しているとはいえないものの、すでにIT関連業と高齢者雇用をつなぐ取組は萌芽的に行われている。鎌倉市が現在行っているのは、鎌倉市の地域振興も兼ねて形成された「カマコン」と呼ばれるIT関連事業体との連携である。すでに「カマコン」の代表者と協議を重ねている段階であり、高齢者の就労支援について「カマコン」の代表者を通じて、いくつかの企業との交渉を行っている最中である[6]。

それ以外の業種に関しても、他の自治体同様に高齢者の就労支援を行っている。特に子育てや介護支援に関しては、主にハローワークを通じて高齢者の支援を行っており、かなり細かく高齢者の求めるニーズに対応した職を斡旋することができている。というのも、実際に窓口まで来て就労の相談をする高齢者の数はそこまで多くないため、細かく彼らの要望に応える余裕が十分にあるからである。その点に関して、窓口にやってくる高齢者の人数が増えた場合、現在と同様の手厚いサポートが可能であるのかが不安であると考えていた。

2　鎌倉市が支援の対象として想定する高齢者像

鎌倉市が行ったスキルアップセミナーやIT関連業での就労支援施策を通して、鎌倉市が想定している「支援すべき高齢者」像を考えてみると、前章で議論した柏市との相違点がクリ

---

[5] その点を鑑みると、「シニアのための観光スキルアップセミナー」に定員の2倍以上の応募があったことは、大きな成功であるといえるだろう。
[6] あくまで平成29年9月段階でのことである。

アになる。生きがい就労を求める高齢者が柏市の支援する高齢者像となっていたのに対し、鎌倉市では高齢者が生きがい就労を求めているのか生計就労を求めているのかという点は考慮されていない。あくまで観光業関連やIT関連の仕事を提供・斡旋したいという意図があるだけで、高齢者が「どのような目的で働きたいと考えているのか」は不問になる。つまり、生きがい就労に限らず、働きたいと考える高齢者であれば誰でも等しく支援対象者として扱っている[7]点が柏市との大きな違いである。

　鎌倉市は、生涯現役促進地域連携事業へと携わっていくなかで将来的にはより専門的・実践的な就労支援の取組を心がけたいと考えている。その一方で、今後どのような高齢者を中心的に支援すべきなのかという点を掴みかねていた。例えば「シニアのための観光スキルアップセミナー」の実施に関しても、観光業における働き方に関心をもたせて幅広い高齢者が観光業で就労したいと思うように裾野を広げるべきか、より専門的な知識やスキルを提供するようなプログラムをつくってその専門性を高めるべきかを悩んでいた。これはすなわち、高齢者の就労支援においてどの層をメインターゲットとして据えるべきなのかという問いと連動している。前者が広範な高齢者層に対する平等な支援を指し、後者が限定的な高齢者層に対する集中的な支援を指しており、柏市が主に対象としたのは生きがい就労を望む、どちらかといえば後者に近い存在の高齢者であった。

　鎌倉市が柏市のモデルを参考に事業構想を練り上げたことは前述のとおりであり、協議会の構成や事業計画などは通底する部分が多い。しかし、主な支援対象者という点において、鎌倉市は柏市と同じ路線をとるのか否かの岐路に立っているといえるだろう。ここには鎌倉市における2つの要素が関連していると推察される。1点目は、高い技術やスキルをもった高齢者が、多くの場合就労支援を求めていないことである。柏市も同様であるが、そうした高齢者は自分で新たな就職先を見つけることができるため、仮に職を失ったとしても鎌倉市やシルバー人材センターの窓口に来て相談する機会がない。鎌倉市が求める専門性のある高齢者とは、観光業における通訳やガイド、またはIT関連の技術を持った人材などが想定されており、こうした仕事に就ける高齢者はそもそも生涯現役促進地域連携事業で捕捉できる、そして対象とすべきなのかが問われている。

　もう1点が鎌倉市における高齢者雇用支援の歴史が浅いということである。鎌倉市が生涯現役促進地域連携事業に参入して本格的に高齢者の就労支援に乗り出したのは2015年以降であり、この試みは鎌倉市内の高齢者や企業に広く浸透したとはいえない状況である。鎌倉市が持っている観光資源や特性を最大限に活かした高齢者の雇用支援を目指すと、どうしても徐々に専門性を持った高齢者の育成という方面に向かい、対象が限定的な高齢者層に推移してしまう。しかし、鎌倉市内に生涯現役促進地域連携事業を通した高齢者雇用の取組が膾炙していく過程にある現状では、いきなり「鎌倉らしさ」を求めてもなかなか雇用者側・被

---

[7] 年齢に関しても早期退職を意識した55歳から70代中盤までの年齢層を想定し、その年齢であれば誰でも参加してよいと考えている。

雇用者側ともに理解が得られない可能性がある。ここにおいて、鎌倉市がもつ独自の資源や特性を活かして「鎌倉らしさ」を求める段階には至るためには、緒に就いたばかりの高齢者就労支援の取組を継続的に続けていき、草の根的に住民や企業の支持を得ていくことが重要であると考えられる。翻って、草の根的な活動とともにネームバリューを高めていくことで、鎌倉市の高齢者支援の取組に賛同する高齢者・企業を多く集め、ひいては鎌倉市の目指す「鎌倉らしさ」が活かされた独自の高齢者雇用モデルを構築していくことができるといえよう。

3 鎌倉市シルバー人材センターとのかかわりについて

本項では、鎌倉市における市とシルバー人材センターとの関係性について触れていく。鎌倉市のシルバー人材センターと生涯現役促進地域連携事業の関連は、大きく2点が挙げられる。まず1点目に鎌倉市の協議会の構成メンバーのなかに、シルバー人材センターが含まれていることである。この点に関しては、その他の自治体においても同様である。

2点目には、鎌倉市シルバー人材センターの事務所に協議会の窓口が設置されているということである。これは、鎌倉市がシルバー人材センターとの密接な連携を意図した結果であり、その結果として生涯現役促進地域連携事業を通して仕事をしたいと考えている高齢者をシルバー人材センターに紹介するという連携が生まれている。加えて、今後鎌倉市のシルバー人材センターについては交通の便のよい地域への移転が検討されており、より密接な連携が可能になるだろう。

とはいえ、何度も言うように鎌倉市の高齢者支援の取組はまだ緒についたばかりであり、生涯現役促進地域連携事業との関連という点においてはまだ初期状態に近いといってよい。これからの取組に注目していく必要がある。

4 鎌倉市の高齢者雇用支援から見えること

以上で俯瞰してきた鎌倉市の高齢者雇用をめぐる事例を通して、その独自性と今後の課題を検討していこう。

鎌倉市の事例への評価は、良くも悪くも発展途上であるということに終始する。生涯現役促進地域連携事業を通して本格的に高齢者の就労支援へ参入した鎌倉市において、その取組の歴史は1年程度しかない。まだその取組を振り返って評価する段階ではないことは明確である。

その一方で、鎌倉市の高齢者雇用に関する取組には特筆すべきものが見受けられる。なかでも地域の観光資源やIT関連事業の集積地としての特性を最大限に活かして高齢者雇用につなげようとする試みは、他の地域には見られない独自性を持ったものであると評価できる。観光業においては、鎌倉市の観光協会を協議会メンバーに誘致している点、その観光協会のメンバーを「シニアのための観光スキルアップセミナー」に招いて高齢者の就労につながる知識やスキルの教育を行うという点などが特徴的であった。

－36－

さらに鎌倉の独自性をモデル化するにあたって、柏モデルとの比較という点が有用な補助線になると考えられる。なぜならば、鎌倉市が白紙の状態から事業を立ち上げるにあたって、柏市の取組と事業モデルを参考にした経緯があるためである。実際に協議会組織の組み立てや事業計画に関しては、その類似性が見られる一方で、前述のような柏市とは異なる鎌倉市ならではの取組が行われている。この鎌倉の独自性を活かすためには、以下の点を念頭に置いて事業を進めていくことがますますの発展を促す要素であると考えられる。

　それは、鎌倉市内における高齢者支援の取組の認知を高めるために、継続して地域に根ざした就労支援を行っていくことである。鎌倉市の高齢者就業支援の取組はまだ歴史が浅く、住民や企業から十分に認識されるための取組が不可欠であろう。継続して啓蒙活動を行い、実績を積み重ねることは、多くの高齢者・関連企業に興味を抱かせ、理解を得る最もシンプルな近道である。このような草の根的な活動で市民からの支持を得ていくことが、鎌倉市が行っている独自の取組を「鎌倉モデル」として開花させるうえで重要な要素になっていくだろう。

第4章　松山市（愛媛県）の事例－コーディネーターの活躍－

第1節　地域のすがた

　本章では、愛媛県松山市の事例を紹介する[1]。松山市の人口推移は図表 4-2 に示すとおりで、少子化・高齢化が一貫して進展している。産業構造は、図表 4-3 のように、医療・福祉への従事者が多くなっていることが特徴的であると言える。

図表 4-1　松山市の位置

出所：「白地図ぬりぬり」（https://n.freemap.jp）にて筆者作成。

---

[1] 松山市のヒアリング調査では、公益社団法人松山市シルバー人材センターの西山秀樹氏・福島建夫氏・柳原祐二氏・矢野光子氏、愛媛労働局職業安定部の永田一仁氏・永木徹氏・森本孝生氏、愛媛学園の渡邊笙子氏にご協力いただいた。調査に応じてくださった皆様には記して謝意を表したい。また、本調査は 2017 年 10 月 26 日・27 日に実施されたものであり、本報告は調査時点の内容であることに留意されたい。

図表 4-2　松山市の年齢別人口推移（人）

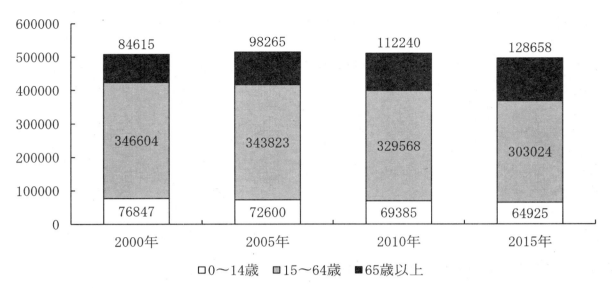

出所：総務省「平成17年国勢調査」、総務省「平成22年国勢調査」、総務省「平成27年国勢調査」より筆者作成。

図表 4-3　松山市の産業別従事者数および事業所数

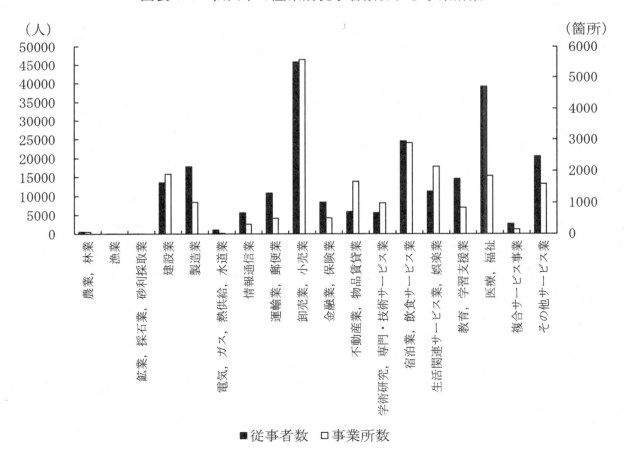

出所：総務省「平成26年経済センサス‐基礎調査」より筆者作成。

-39-

ヒアリングによれば、松山市の多くの住人はゆったりしており、60歳を過ぎて就労の意欲のある者は少ないという。その一方で、リタイア後、首都圏から移住する元経営者の存在があり、松山市シルバー人材センター（以下、「松山シルバー」と表記）は、こうした人たちに注目している。経営経験者は、首都圏に人脈を持っており、また、活躍の場があれば熱意をもって取り組むであろう期待が持てるからである。また、経営経験者は組織的に動くことが見込まれるため、元経営者にはたらきかけることは、当人のみならず多くの雇用を生み出す可能性がある。松山シルバーは、生涯現役促進地域連携事業（以下、「連携事業」と表記）に当たって、このように人材・人脈を重視した戦略的な姿勢を見せているのが特徴的である。また、連携事業で創出された仕事は、将来的にシルバー人材センターで請け負うことを考えているという。

第2節　生涯現役促進地域連携事業の概要

　市には、既に創業・経営・就労支援サービスのワンストップ提供口である「未・来（ミラクル）Job まつやま」が設置されている。これは地方創生加速化交付金を活用し2017年4月に開設された、創業・経営・就労支援をワンストップで提供する拠点である。未・来（ミラクル）Job まつやまは高齢者雇用に特化した取り組みではないが、高齢者雇用についても図表4-4、4-5のように成果を出している。

図表4-4　2017年度「未・来（ミラクル）Job まつやま」高齢者専用相談活動状況

	相談件数（件）				相談のべ人数（人）			相談人数内訳（人）				
	就労	求人開拓	その他	計	男	女	計	求職者	経営者	会社員	その他	計
4月	2	4	1	7	7	0	7	2	5	0	0	7
5月	14	13	0	27	16	11	27	14	8	5	0	27
6月	20	22	0	42	27	20	47	20	16	11	0	47
7月	15	19	0	34	26	11	37	15	13	9	0	37
8月	19	14	0	33	31	4	35	19	7	8	1	35
計	70	72	1	143	107	46	153	70	49	33	1	153

出所：ヒアリング当日配布資料より筆者作成。

図表 4-5　2017 年度「未・来（ミラクル）Job まつやま」就業等実績（件）

	ハローワークとの連携による就職	シルバー人材センターへの入会	その他	計
男性	4	20	1	25
女性	2	14	1	17
計	6	34	2	42

出所：ヒアリング当日配布資料より筆者作成。

市の連携事業（図表 4-6）は、「未・来（ミラクル）Job まつやま」のこうした動きとは基本的には独立したものではあるが、松山シルバーが実施団体であるために、部分的に関連して展開されている。本章で紹介するのは、仕事の地方分散、介護分野の人材育成、地域の名産品と郷土料理を活かした観光サービス事業、の 3 つの取組である。

図表 4-6　松山市生涯現役促進地域連携事業概念図

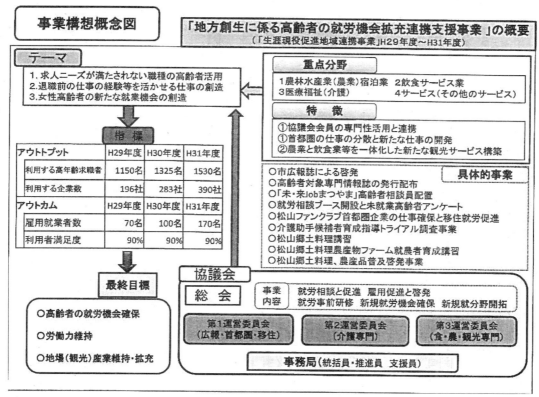

出所：ヒアリング当日配布資料より引用。

また、市の連携事業に当って組織された「生涯現役促進松山地域連携協議会」は図表 4-7 のようになっている。

図表 4-7　生涯現役促進松山地域連携協議会の構成員

構成団体	松山市	協力団体	（学）愛媛学園
	（社福）松山市社会福祉協議会		道後温泉旅館組合
	（公社）松山法人会		NRI 社会情報システム株式会社
	（大）愛媛大学		
	（株）伊予銀行		
	日本産業カウンセラー協会		
	（公社）愛媛県シルバー人材センター連合会		

出所：「松山市生涯現役促進地域連携事業ホームページ」（http://matsuyama-renkei.ne.jp/）を筆者が編集、修正。

1　仕事の地方分散

　未・来（ミラクル）Job まつやまで交流があった首都圏と松山にパイプをもつ IT 企業の経営者に、コーディネーターがはたらきかけ、松山に首都圏の仕事を分散させ、そこに高齢者の雇用を見出そうという試みがなされている。首都圏では、専門ごとの分業が進んでおり、例えば完成したイラストデータのチェック・整理、梱包や発送といった細かな作業を含めて比較的包括的に発注できる先が少ないという。松山シルバーの戦略として、地域のプログラマーやエンジニアを活かす一方で、そうした細かな作業を高齢者に任せることによって、包括的な受注を可能にするというものがある。

2　介護分野の新たな人材育成

　松山市にはサービス付き高齢者向け住宅が多いため、介護労働者不足が深刻な状況にある。そこで、高齢者を介護助手として育成し、雇用につなげることを計画している。そして、この介護助手は、単に補助的業務に従事するのでなく、専用の資格を取得させた人材として育成することで、介護施設側の雇用インセンティヴをより高めることを考えている。具体的には、介護予防音楽プログラムという身体を使ったサービスを提供するための一般社団法人日本音楽健康協会による認定資格を取得した人材育成が想定されている。

3　地域の名産品と郷土料理を活かした観光サービス事業

　地域の名産品と郷土料理を一体化した新たな観光サービス事業を展開し、そこに高齢者を起用している。松山シルバーは、調理製菓専門学校である愛媛学園と提携し、まつやま郷土料理研究会「なもしの会」を設立し、併せて、「なもしの会」の認定資格である「まつやま郷土料理マイスター」制度も創設した。さらに、この「まつやま郷土料理マイスター」の養成講座を初級・上級に分けて実施している（図表 4-8、4-9）。上級を受講し終えた者は講師として養成講座を受け持つ他、地域の高等学校に出張授業に行くこともしている。

図表 4-8　まつやま郷土料理講習の様子

愛媛の食文化①

郷土料理展示

愛媛の食文化②

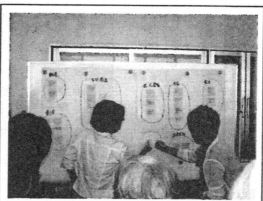
ワークショップ

郷土料理

栄養学：郷土料理を活かした献立

出所：ヒアリング当日配布資料を筆者が編集、修正。

図表 4-9　2017 年度　まつやま郷土料理講習プログラム

初級プログラム		
12 月 11 日	10:00～11:10	開講・オリエンテーション
	11:15～14:20	講義：郷土食の概論①
		試食・展示：郷土料理
	14:20～15:00	シンポジウム
12 月 18 日	10:00～13:00	実習：郷土料理①
	13:15～14:20	講義：郷土食の概論②
	14:20～15:00	ワークショップ
1 月 15 日	10:00～13:00	実習：郷土料理②
	13:15～14:20	講義：献立作成
	14:20～15:00	ワークショップ
2 月 19 日	10:00～13:00	実習：郷土料理③
	13:15～14:20	講義：食中毒
	14:20～15:00	ワークショップ
2 月 26 日	10:00～13:00	実習：郷土料理④
	13:15～14:20	講義：栄養計算方法
	14:20～15:00	ワークショップ
3 月 12 日	10:00～13:00	実習：郷土料理（初級創作）評価会
	13:15～14:20	講義：食品学
	14:20～15:00	シンポジウム・閉講

上級プログラム		
8 月 21 日	10:00～11:10	開講・オリエンテーション
	11:15～14:20	講義：愛媛の食文化①-1
		試食・展示：郷土料理
		講義：愛媛の食文化①-2
	14:20～15:00	協議
8 月 28 日	10:00～13:00	実習：郷土料理①
	13:15～14:20	講義：愛媛の食文化②
	14:20～15:00	ワークショップ
9 月 8 日	10:00～13:00	実習：郷土料理②
	13:15～14:20	講義：栄養学　郷土料理を生かした献立
	14:20～15:00	ワークショップ
10 月 13 日	10:00～13:00	実習：郷土料理③
	13:15～14:20	講義：食品衛生　添加物・寄生虫
	14:20～15:00	ワークショップ
10 月 27 日	10:00～13:00	実習：郷土料理④
	13:15～14:20	講義：加工・保存食①
	14:20～15:00	ワークショップ
11 月 10 日	10:00～13:00	実習：郷土料理⑤
	13:15～14:20	講義：指導方法
	14:20～15:00	ワークショップ
11 月 24 日	10:00～13:00	実習：郷土料理⑥
	13:15～14:20	講義：接遇方法
	14:20～15:00	ワークショップ
12 月 15 日	10:00～13:00	実習：郷土料理（上級創作）評価会
	13:15～14:20	講義：加工・保存食②
	14:20～15:00	シンポジウム・閉講

出所：ヒアリング当日配布資料より引用。

また、2017年8月20日より、耕作放棄地を利用し、比較的容易に栽培できる、地域の名産品「伊予緋かぶ」の栽培も進んでいる（図表 4-10）。この「伊予緋かぶ」は高齢者によって栽培され、巨大観光地である道後温泉で蕪漬けとして販売することになっていた。

図表 4-10　「伊予緋かぶ」栽培状況

出所：ヒアリング当日配布資料より引用。

4　松山市シルバー人材センターの戦略

　冒頭で述べたように、松山シルバーの取組において特徴的なのは、地域の人材と人脈を大きく用いているという点である。仕事の地方分散では、首都圏と松山とのネットワークをもつ経営者とのつながりが重要な資源になっている。介護分野の人材育成については、松山シルバーは、元気で組織的な行動をとることができ社交性も期待できる、運動経験のある女性

―45―

高齢者（「体育会系女子」）に注目している。つまり、体育会的人脈を活用し、トップの者にはたらきかけることで、後輩となる高齢者にも事業への参加を促し、より大きな動員を目指すことができるということだ。地域の名産品と郷土料理を活かした観光サービス事業では、愛媛学園の学園長が地域の名士的存在であるため、愛媛学園や道後温泉関係者を巻き込んで事業を行なうことで（図表4-7に示したように、協議会の協力団体には愛媛学園や道後温泉旅館組合が加わっている。）、事業への大きな動員を目指し、さらに、この事業をきっかけに多岐にわたる高齢者の就労の実現を図っている（実際、郷土料理講習を受けた6名の高齢者が、愛媛学園の併設カフェに調理補助して就労していた。）。

　松山シルバーの連携事業は、このように年齢を重ね、このままでは埋もれていってしまう貴重な人材と人脈をフルに活用し、ゆったりした風土の中で、高齢者の就労を促す工夫をしている。また、IT分野を中心に、高齢者雇用に理解のある経営者と積極的に交流をもち、松山への仕事の分散を推し進めている。

　また、松山シルバーは資格制度も上手く活用している。つまり、資格を取得させることで、雇用側の高齢者雇用のインセンティヴを高めるだけでなく、その資格を取得した高齢者本人が、その資格を活かすために、積極的に活躍を目指すということが見込まれている。

5　まとめ

　松山シルバーの連携事業は、仕事の地方分散、介護分野の人材育成、地域の名産品と郷土料理を活かした観光サービス事業、の3つの取組からなる。これらはどれも、地域の貴重な人材や人脈をフルに活かし、就労意欲の低い風土の中で、高齢者の就労を促進するための工夫がなされていた。また、資格制度を活用し、雇用側も労働者側も、より高齢者就労のインセンティヴが高まるよう工夫がなされていた。これらの点については、第10章第1節及び第2節で詳述するが、松山シルバーは、高齢者層をいかに動員していくかという点で、興味深い取組を行っているといえる。

第5章　総社市（岡山県）の事例－ワンストップセンターの活用－

第1節　地域のすがた

　本章では、岡山県総社市の事例を紹介する[1]。総社市は、市民憲章に「郷土を大切に美しい環境をまもりましょう。生涯学び明るい家庭をきずきましょう。たがいに助け合いあたたかいまちをつくりましょう。」とあるように、全国屈指の福祉先駆都市を目指してきており、「障がい者千人雇用」政策等の福祉政策を、数値目標を設定し積極的に取り組んできた自治体である。市には三菱自動車の下請け工業団地（ウイングバレイ）があるため、製造業従事者が多くなっているという特徴をもつ（図表5-2）。また、食品メーカー（シノブフーズ、モンテール、大黒天物産）や日本郵便、アマゾンジャパン等の企業誘致が進んでいる。

図表5-1　総社市の位置

出所：「白地図ぬりぬり」（https://n.freemap.jp）にて筆者作成。

---

[1] 総社市のヒアリング調査では、総社市保健福祉部長寿介護課の林直方氏・西田仁士氏・渡邊一樹氏、総社市生涯現役促進協議会の久保豪氏、社会福祉法人総社市社会福祉協議会の前田光彦、一般財団法人そうじゃ地食べ公社の風早政巳氏にご協力いただいた。調査に応じてくださった皆様には記して謝意を表したい。また、本調査は2017年10月12日・13日に実施されたものであり、本報告は調査時点の内容であることに留意されたい。

図表 5-2　総社市の産業別従事者数および事業所数

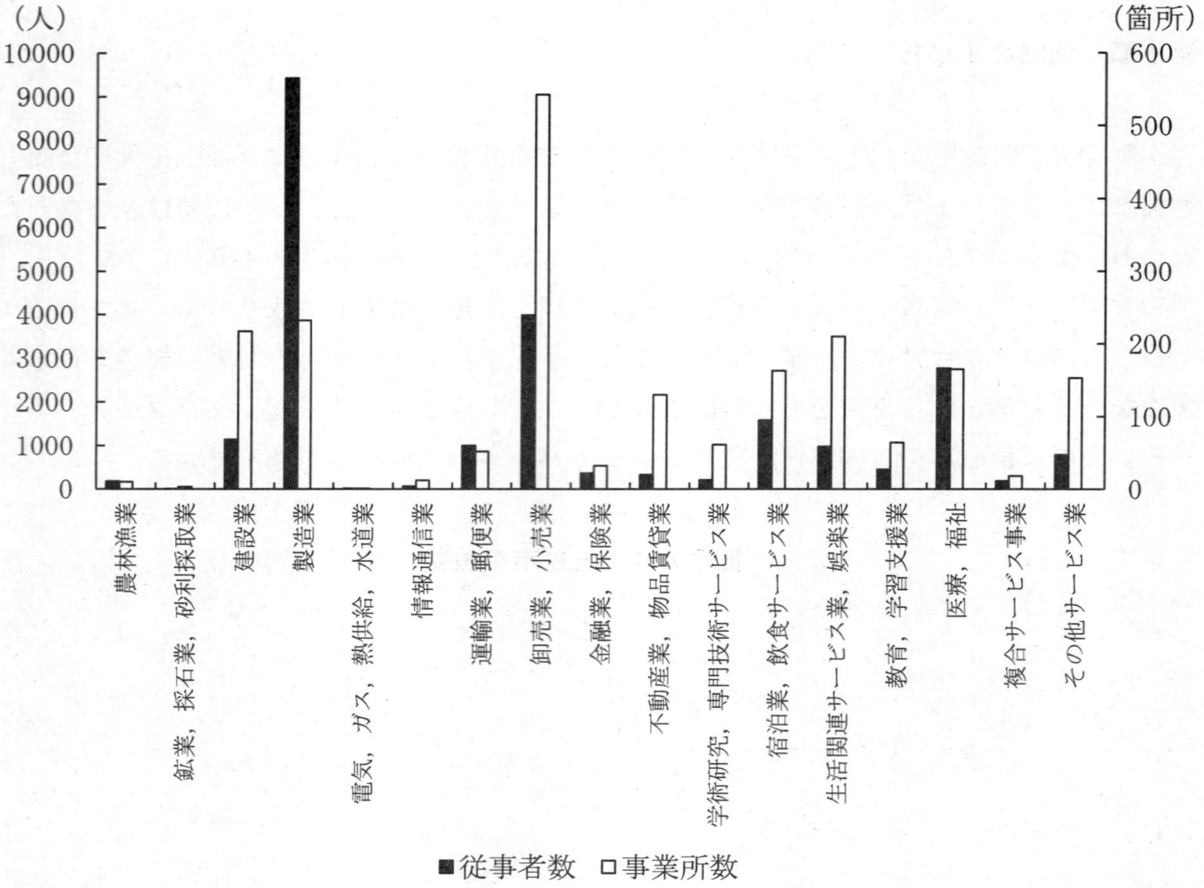

（人）　　　　　　　　　　　　　　　　　　　　　　　　　　　　　　　　　　　（箇所）

縦軸左（人）: 0, 1000, 2000, 3000, 4000, 5000, 6000, 7000, 8000, 9000, 10000
縦軸右（箇所）: 0, 100, 200, 300, 400, 500, 600

横軸項目：農林漁業／鉱業、採石業、砂利採取業／建設業／製造業／電気、ガス、熱供給、水道業／情報通信業／運輸業、郵便業／卸売業、小売業／金融業、保険業／不動産業、物品賃貸業／学術研究、専門技術サービス業／宿泊業、飲食サービス業／生活関連サービス業、娯楽業／教育、学習支援業／医療、福祉／複合サービス事業／その他サービス業

■従事者数　□事業所数

出所：「平成28年度版　総社市統計書」より筆者作成。

　　また、市の子育て支援政策をはじめとする手厚い福祉政策もあって、転入者が多く（図表5-3）、少子化・高齢化が抑制されているというのが人口においては大きな特徴となっている（図表5-4）。

図表 5-3　総社市の人口動態（人）

区分	自然動態		社会動態	
	出生	死亡	転入	転出
2012年	583	620	2113	1743
2013年	584	699	2155	1960
2014年	532	686	2145	1930
2015年	541	716	2116	1901
2016年	563	712	2152	1936

出所：「平成28年度版　総社市統計書」より筆者作成。

－48－

図表5-4 総社市の年齢別人口推移（人）

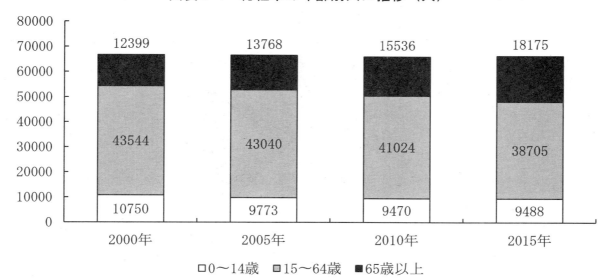

出所：総社市「平成25年度版 総社市統計書」、総社市「平成28年度版 総社市統計書」より筆者作成。

　前述のように、市には大きな働き口がある一方で、働き手不足が課題になっている。また、2025年に団塊の世代が75歳以上となる「2025年問題」についても、市は例外ではない。市は、今後の高齢化率の推計こそ大幅な増加を示してはいないものの（現在：27.6％→2025年：28.6％）、75歳以上の人口は、現在：9,000人→2025年：11,500人（総人口は現在：68,500人→2025年：69,000人）の推移が見込まれており、75歳以上の人口をどのように支えていくかが今後の懸念事項となっている。

　また、市が2016年4月に市内の60～70代の高齢者1200人（有効回収数723）に実施した「高齢者の就労等に対する意識調査」では、現在働いている者（361名）のうち、6割を超える人々が「いつまでも」働きたいと回答しており、現在働いていない者（343名）のうち、約3割が「働きたい」と回答している（図表5-5、5-6）。

図表 5-5　何歳まで働きたいか（現在働いている人 N=361（人））

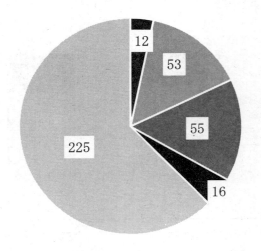

■64歳　■65〜67歳　■68〜70歳　■71〜75歳　■いつまでも

出所：総社市「高齢者の就労等に対する意識調査報告書」より筆者作成。

図表 5-6　今後働きたいか（現在働いていない人 N=343（人））

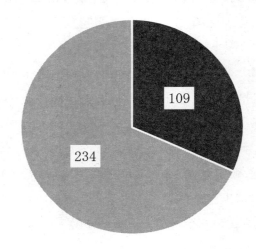

■働きたい　■働きたくない

出所：総社市「高齢者の就労等に対する意識調査報告書」より筆者作成。

こうした高齢者の就労意識を受け、市では地域による（75歳以下の）労働力人口の増加を試みてきた。市による高齢者雇用政策は、前述のような積極的な福祉政策を行ってきた文脈の内で実施されており、福祉政策と人手不足対策を両取りするような形で構想されてきた。今回の調査の軸となっている生涯現役促進地域連携事業（以下、「連携事業」と表記）を保健福祉部長寿介護課が受け持っていることは、こうした背景に基づいている。

　また、連携事業に際して、市は図表 5-7 の「総社市生涯現役促進協議会」を組織している。

図表 5-7 総社市生涯現役促進協議会組織図

協議会委員	総社商工会議所
	総社吉備商工会
	（社福）総社市社会福祉協議会
	（公財）総社市シルバー人材センター
	総社市老人クラブ連合会
	総社市観光協会
	（学）岡山県立大学
	吉備信用金庫
	NPO 法人 吉備路工房ちみち
	総社市（市長）
オブザーバー	岡山労働局職業安定部職業対策課
	倉敷中央職業安定所総社出張所
	総社市（副市長）
	総社市（政策監）
	総社市総合政策部
	総社市産業部商工観光課

出所：ヒアリング当日配布資料より筆者作成。

第2節　生涯現役促進地域連携事業の概要

　市は連携事業の募集開始（2016 年 6 月）以前より高齢者就労に関心を持っており、前述の「高齢者の就労等に関する意識調査」を同年 4 月の時点で実施している。そして、図表 5-5、5-6 で示した高齢者の就労意識を受け、充分に働きかけの意義があると考え、連携事業に応募した背景がある。

　総社市の連携事業は大きく 2 つの政策によって実施されてきている。1 つは、「そうじゃ 60 歳からの人生設計所」（以下、「人生設計所」と表記）という、総社市ハローワークや総社市シルバー人材センターと連携したワンストップ窓口の設置。もう 1 つは、各種セミナーや研修の実施である。

1　ワンストップ窓口の設置

　前述のように、総社市は元より福祉政策を重点的に行ってきており、社会福祉協議会を中心に大規模な地域包括ケアシステムが作られていた（図表 5-8）。そして、2016 年 1 月時点から、単市事業として高齢者就労のためのワンストップ窓口を作る構想があったという。そうした中で、連携事業の募集が開始され、この事業の内の取り組みとしてワンストップ窓口を設立するに至った。

　この人生設計所は、高齢者の多様な働き方のニーズを聞き、実際の高齢者の活躍のケース

等と考え合わせ、適切な支援へとつなげていく相談窓口である。つまり、高齢者のニーズに合わせて、ハローワークやシルバー人材センターへとつなげていくということだ。また、「障がい者千人雇用」政策のノウハウを活かし、就労後のフォローをハローワークと行っている。さらに、人生設計所は社会福祉協議会に委託されているが、このことによって、上に記した地域包括ケアシステムの中に、この人生設計所が置かれることになる。これにより、単に高齢者の就労支援の窓口の役割だけでなく、生活困窮者支援や虐待の対策といった福祉政策にもつながる、より広汎なワンストップ窓口の構成要素としての役割も持つことになっている。したがって、人生設計所で就労支援をする中で、まず生活の立て直しが必要だと判断される高齢者がいれば生活困窮支援センターにつなげることができ、逆に、生活困窮支援センターへ相談に来た者に就労の見込みがあれば人生設計所へとつなげることができる等、柔軟な対応が可能になる。こうした意味で、人生設計所の設置は、総社市の福祉政策と人手不足対策を両立させたものとなっている。こうした動きは、高齢者の就労というテーマは福祉領域の諸テーマと切り離せないことを示唆しており、興味深い。人生設計所が福祉領域の広範なワンストップ窓口の中に組み込まれることは、福祉領域にアプローチした高齢者を就労へと繋げるケースがあるために、高齢者の就労ケースの増加にも繋がる。また、就労に耐えない高齢者を誤って就労に繋げることを防ぎ、福祉領域における問題を抱えた高齢者の発見のルートが増えることにもなる。

　実績としては、2017年3月末時点では登録者数131名、相談件数968件、就職者数20名、同年4月〜9月末では、相談件数247件、就職者数61名となっている。人生設計所からの就職はハローワーク総社を経由する仕組みである。設計所とは別に、ハローワーク総社の数値を積み上げ、55歳以上の就職件数をここ3年で1000人の目標を立てており、実績は2017年4月〜8月で151名となっているが、人生設計所の就職者数はこのハローワークの就職件数の内数になっている。

　人生設計所は、前述のとおり、高齢者の多様な働き方のニーズを踏まえつつ、基本的に、適切なハローワークやシルバー人材センターの求人とマッチングさせることをその目的としている。とはいえ、相談を通じてボランティアへと繋がる高齢者も少なくないという。実際に相談に当っている職員の話によれば、当初は収入の確保を前提に相談に来る者が大半だが、丁寧に相談する中で、例えば、前職のスキルを活かしたいというニーズが顕在化し、それを踏まえた実際の高齢者の活躍のケースの紹介を通じて、ボランティアの方向へ向かうことがあったという。総社市における連携事業は人手不足対策の側面を持つものの、高齢者の生きがいを重視したものであることがここから伺える。また、働いていない高齢者がいきなりハローワークにアクセスすることには抵抗があるというケースも考えられるが、こうした設計所であれば比較的手軽に来ることができ、地域包括ケアシステムにおいて実際に様々な方面へのマッチングを実現していることから、まず人生設計所に相談すれば、自身のニーズに合った活躍への手がかりを得ることができる形になっている。

図表 5-8　総社市地域包括ケアシステム

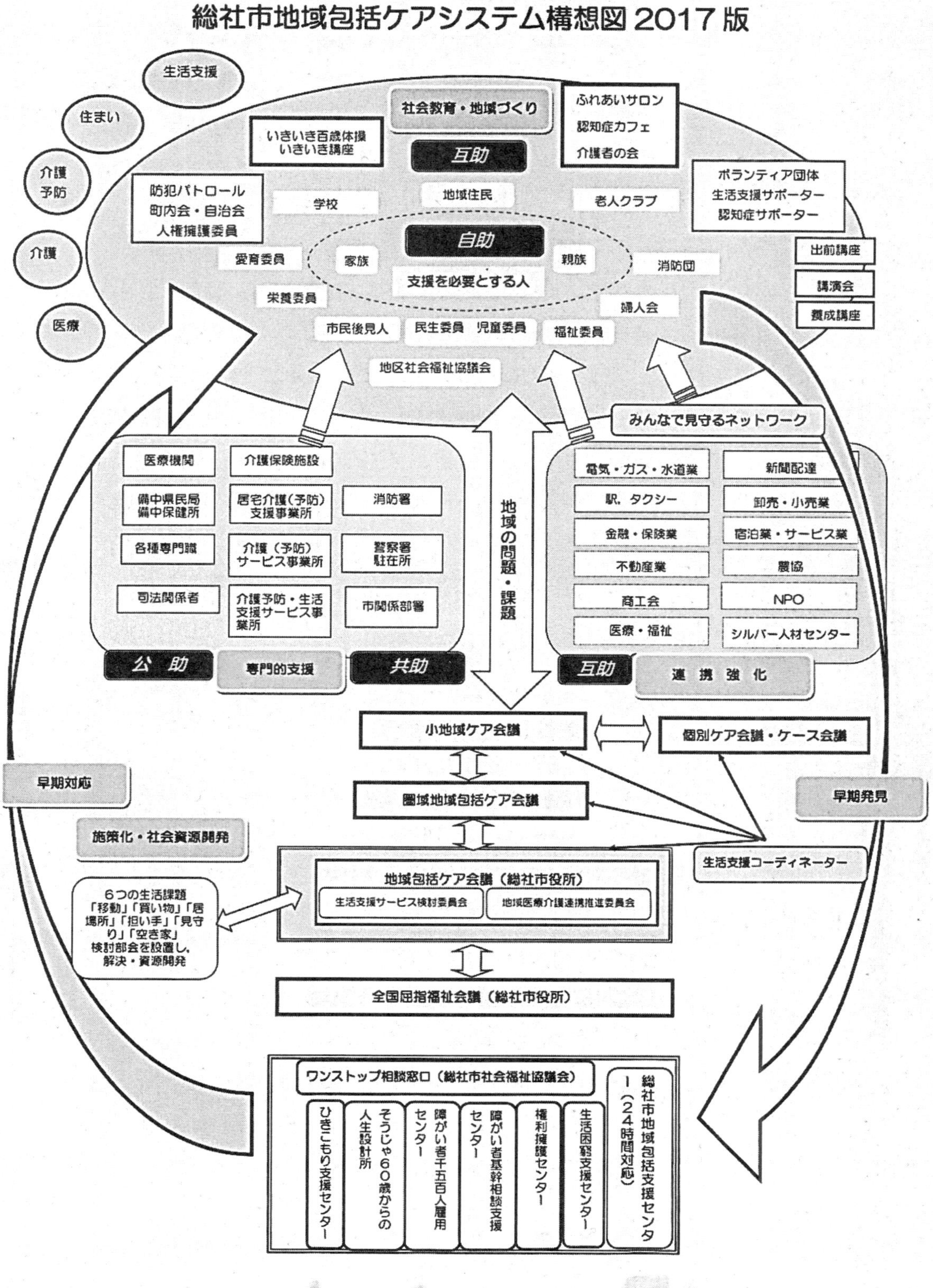

出所：総社市より提供。

2　各種セミナーや研修の実施

　総社市の連携事業のもう1つの取り組みは、各種セミナーや研修の実施である。「社会保険労務士による就職サポートセミナー」、「おもてなしと観光ガイドの意識向上・ブランド化に関するセミナー」を2017年3月14日、24日に実施（参加者は、14日：68名、24日：19名）している。また、同年2月22日から3月28日にかけて5回、様々な分野で活躍する高齢者を招聘し、特定のテーマの下、セミナーを実施している（それぞれのテーマは、「生きがい」（2月22日、参加者16名）、「創業」（2月28日、参加者25名）、「生涯現役」（3月1日、参加者66名）、「観光ガイド」（3月1日、参加者41名）、「介護予防」（3月28日、12名））。さらに、観光や食をテーマに女性限定の創業セミナーも実施している（同年1月11日、1月25日、2月19日、3月8日、3月15日の5回シリーズで実施、参加者9名）。こうしたセミナーを数多く実施することで、セミナー参加者の口コミによる市の取り組みのアピール、そのアピールを受けて次のセミナーへの新たな参加者の呼び込み、という形で参加者の拡大を図り、広く高齢者が活躍できるという街づくりの意識の醸成を目指している。

　研修については、（後述する）そうじゃ地食べ（ちたべ）公社（以下、「地食べ公社」と表記）という一般財団法人と連携し、座学4回実技4回の農業研修を行っている。こうした研修を通して地食べ公社自体や花き栽培・展示企業への就労に実際に繋がっている。

　こうしたセミナーや研修は、市の広報紙やホームページ、地元紙である山陽新聞の「情報ひろば」欄への掲載によって広告を打っている。さらに、このようなセミナーや研修へは、人生設計所を通してアクセスされることもある。また、セミナーを通して広がる高齢者の活躍への志向は、人生設計所へのアクセスを促進すると考えられる。このような意味で、人生設計所と各種セミナーや研修は、相互に関わり合いながら総社市の連携事業の両輪として機能していると言えよう。

第3節　生涯現役促進地域連携事業における課題とまとめ

　ここまで紹介してきたように、市の連携事業は、地域包括ケアシステムの広範なワンストップ窓口に包摂された「そうじゃ60歳からの人生設計所」と、広範に高齢者の活躍への意識の向上を図る各種セミナーや研修の2つの取り組みによって体系的に実施されてきた。その一方で、課題もある。

1　重点分野の開拓

　調査時点において、観光や農業という連携事業における重点分野の新規事業の開拓については、まだ本格的には取組まれていなかった。市が観光と農業を重点分野に置いているのは、総社市が岡山市、倉敷市に隣接しており、また、産業はウイングバレイや積極的に誘致した企業が中心になっているため、農業や観光は総社市において際立って強みを持った分野では

-54-

ないからである。つまり、既存の強みを活かすのではなく、連携事業を通じてそれらの振興を行うことも図った野心的な設定になっている。調査時点では、人生設計所や各種セミナー等の設置・実施が連携事業の中心的な取組になっており、こうした新規事業の本格的な開拓はこれからである。現在はマッチングシステムの確立と高齢者への啓発が優先的に為されており、今後は、既に取組として充実している人生設計所や各種セミナーや研修を足がかりに、新規に開拓された事業を結びつけていくことが必要になってくる。

2 農業分野の展開

前述のように、総社市は地食べ公社と連携して農業研修を行っており、この研修を通じて地食べ公社への就労が決まった例（2人）も存在する。しかし、この農業関係への就労について見通しが良好とは必ずしも言えないことが、地食べ公社のヒアリング調査からわかった。地食べ公社は、耕作放棄地を用いた農地所有者代理事業・売買等事業・農作業受委託・農作物の生産販売や、研修事業、地域の農家の農作物の買い上げと販売による地産地消の促進等（地域特産物の開発販売促進・地産地消サポート事業）を目的とする農業公社である。

地食べ公社によれば、高齢者の就農には体力の問題がつきものである。地食べ公社の農作業は草刈りがメインであり、収穫についても、1玉1〜2kg近いキャベツを何個もカゴに入れて運搬しなければならなかったり、高温となるビニールハウスでの作業（セロリ）や、炎天下の中人力で掘り起こす作業（白ネギ）が必要になってきたりする。したがって、折角やる気を持って就農する高齢者がいても、1週間程度で辞めてしまうケースがあったようだ。つまり、収入を得られるような本格的な農作業は体力的な過酷さがついて回り、関心を持ってもらうことは多くとも、定着に至るのは難しいことが伺えた。こうした体力を持ち合わせた者の多くは、結局、兼業農家であったり農協をリタイアした者であったりして、しかもそうした人たちは既に自分の農地で農業を営んでいることが往々である。

そうした中、配達業務を任せる等、過酷な農作業に耐えられない高齢者に配慮した業務の切出しの工夫によって高齢者の就労を実現している。その一方で、地食べ公社は当初、連携事業を通じて人員不足の解消を期待していたものの、やはり体力上の問題から、満足に人員を増加させることは難しいことが伺えた。

とはいえ、地食べ公社へ定着した者は4人おり（図表5-9）、そのうち2人は総社市の研修を通じ、既に地食べ公社で働いた高齢の就農者を見て農業に高齢者の活躍の場を見出した者である。つまり、大規模な就農と定着こそ難しいものの、地食べ公社が連携して行なう研修は間違いなく就農へのPRとしての機能を持っている。地食べ公社も、総社市には高齢者の就農へのPRを期待しており、定着できる者を少しでも多く見つけることができるよう、人員のリクルートの継続と促進は求められている。ここから、（総社市の事例に限らず）高齢者の就農に当っては、比較的軽度な業務の切り出しの他に、農作物の選択による負担の軽減といったことも吟味すべきであることがわかる。

図表5-9 地食べ公社への就職事例

> **就業者の声**
>
>
>
> **そうじゃ地食べ公社に就職した
> 河本勝男さん**
>
> 去年6月まで飲食関係の仕事をしていました。農業の6次産業化に興味をもち、そうじゃ地食べ公社に就職しました。農作業や配達を行っています。
> 60歳からの人生設計所を通じて就労したのは、市役所でたまたま教えてもらったことがきっかけ。職員は親身になって相談に応じてくれました。
> 60歳を過ぎても働きたいと思っている人は大勢いるはず。一度相談してみてはいかがでしょうか。

出所:「総社市生涯現役促進協議会ホームページ」(http://www.soja-60geneki.city.soja.okayama.jp)より引用。

3 今後の見通し

　総社市は今後、今まで以上に、高齢者の置かれている状況を踏まえ、重点産業分野における新規事業の開拓を行っていくことが考えられる。農業については桃の栽培の振興、観光については市民向け乗り合いタクシー「雪舟くん」を観光に活用し、そのドライバーとして高齢者を起用する考えがあるようだ。このようにして、重点産業分野での新規事業開拓が今後展開されていくものと考えられる。

　また、連携事業は3年で終了になるが、総社市は既に広範なワンストップ窓口を高齢者雇用の方向に拡充したシステムが完成している。高齢者の意識啓発のセミナーは、事業終了後のあり方を考える必要があるが、人生設計所はそのまま継続していくことが充分可能である。このような意味で、総社市は連携事業の成果が既に目に見える形で存在している上、元々市単独の事業としてワンストップ窓口の設置が見込まれていたことから、事業終了後も、高齢者の手厚く柔軟なマッチングは継続していくと考えられる。

4 まとめ

　総社市は、進む企業誘致や2025年問題等を背景とした労働力不足が地域の課題としてあり、市はその解決を、福祉政策と両立する形で高齢者の就労に求めた。そして、市は連携事業を「そうじゃ60歳からの人生設計所」というワンストップ窓口の設置と、各種セミナーと研修の両輪で実施してきた。人生設計所は、ハローワークやシルバー人材センターと連携して、個人個人の働くニーズを踏まえ適切なマッチングを行い、その後のフォローも行うものである。さらに、この人生設計所は福祉領域における広範なワンストップ窓口の中に包含されて

おり、就労に限らないより柔軟な対応を可能にしていた。各種セミナーや研修は、様々なテーマで複数回にわたって行われており、市の広報誌や新聞、参加者の口コミを通じて参加者の範囲を拡大し、高齢者が活躍することに志向するための意識啓発を行っていた。その一方で、新規事業の開拓は今後の課題であり、特に就農においては定着に困難さが見られているという課題がある。今後はそうした困難さを踏まえた、工夫された事業の振興が求められる。

　総社市の事例で何より目を引くのは、就労に限らない広い範囲をカバーできるワンストップ窓口の存在であろう。こうしたシステムは市民にとって利便性が高いだけでなく、今後高齢者の就労や福祉領域に関する政策をこの窓口を中心に進めることを可能にしている点で、その価値は高い。このように様々な点で総社市のワンストップ窓口は高齢者の多様な活躍というテーマにおいて1つの好事例と言えるものである。

　人生設計所の充実した支援は、人口と行政の規模の点において、市単位だからこそ可能になっている側面があり、また、元々市が福祉政策を重視していたことによる地域包括ケアシステムと一体的となった運用やノウハウが活用できたことも大きい。このような点で、総社市の事例は1つの先駆的なものとして、他の自治体の類似の取組において参考になり得るのではないか。

第6章　豊中市（大阪府）の事例－高齢者へのアウトリーチ－

第1節　地域のすがた

　本章では、大阪府豊中市の事例を紹介する[1]。豊中市は大阪市の北側に位置し、交通の利便性の高さから住宅地として発展してきた。また、転勤による転入世帯が多く（図表6-2）、地域とのつながりが希薄な市民が多くなっているのが特徴である。特に男性は、昼間に大阪市等で勤務している者が多いため、その懸念は大きい。また、人口推移は図表6-3のようになっており、65歳以上人口が増加していることがわかる。

図表6-1　豊中市の位置

出所：「白地図ぬりぬり」（https://n.freemap.jp）にて筆者作成。

図表6-2　豊中市の人口異動（人）

	転入	転出	増減（推計）
2012年	25319	19225	6094
2013年	21382	19647	1735
2014年	19965	19251	714
2015年	21892	20006	1886
2016年（推計）	20628	19659	969

出所：豊中市「平成28年　豊中市統計書」より筆者作成。

---

[1] 大阪府豊中市のヒアリング調査では、豊中市市民協働部くらし支援課の宮城節子氏・濱政宏司氏・竹内淳氏、健康福祉部高齢者支援課の林裕美氏・舟橋朋美氏、豊中市生涯現役促進地域連携事業推進協議会の山田幸敏氏、大阪労働局職業安定部職業対策課の綛山佳宏氏、シニアワークセンターとよなかの与那嶺学氏・濱名研氏にご協力いただいた。調査に応じてくださった皆様には記して謝意を表したい。また、本調査は2017年7月20日・21日に実施されたものであり、本報告は調査時点の内容であることに留意されたい。

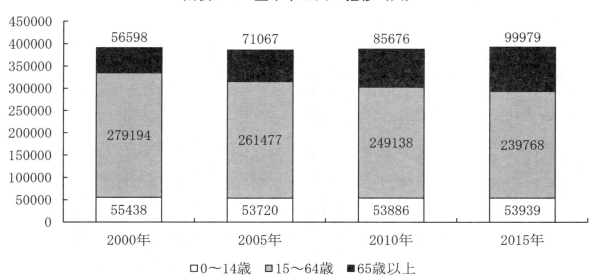

図表6-3　豊中市の人口推移（人）

出所：豊中市「平成24年 豊中市統計書」、豊中市「平成28年 豊中市統計書」より筆者作成。

　産業については、卸売・小売業を筆頭に、医療・福祉、宿泊・飲食サービス業といった日常生活に関連する分野が多くなっている特徴がある（図表6-4）。

図表6-4　豊中市の産業別従事者数および事業所数

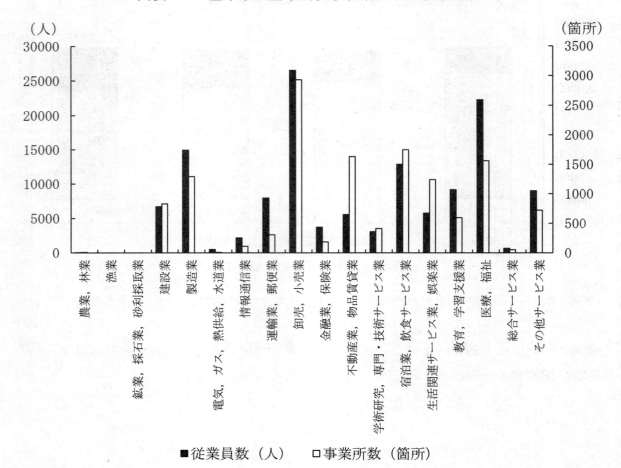

出所：豊中市「平成28年 豊中市統計書」より筆者作成。

第2節　生涯現役促進地域連携事業の概要

　豊中市は中小・零細企業が多い地域でもあり（図表6-5）、人手不足が懸念材料となっている。その一方で、65歳以上の要支援・要介護認定を受けていない高齢者のうち経済的困難を感じる者が3割を超えている実態があり（2014年度豊中市調べ）、そうした者をはじめとして、高齢者を人手不足解消に活用できるのではないか、という関心を背景に、生涯現役促進地域連携事業（以下、「連携事業」と表記）を実施するに至っている。

図表 6-5　豊中市における製造業の従業者規模別事業所数

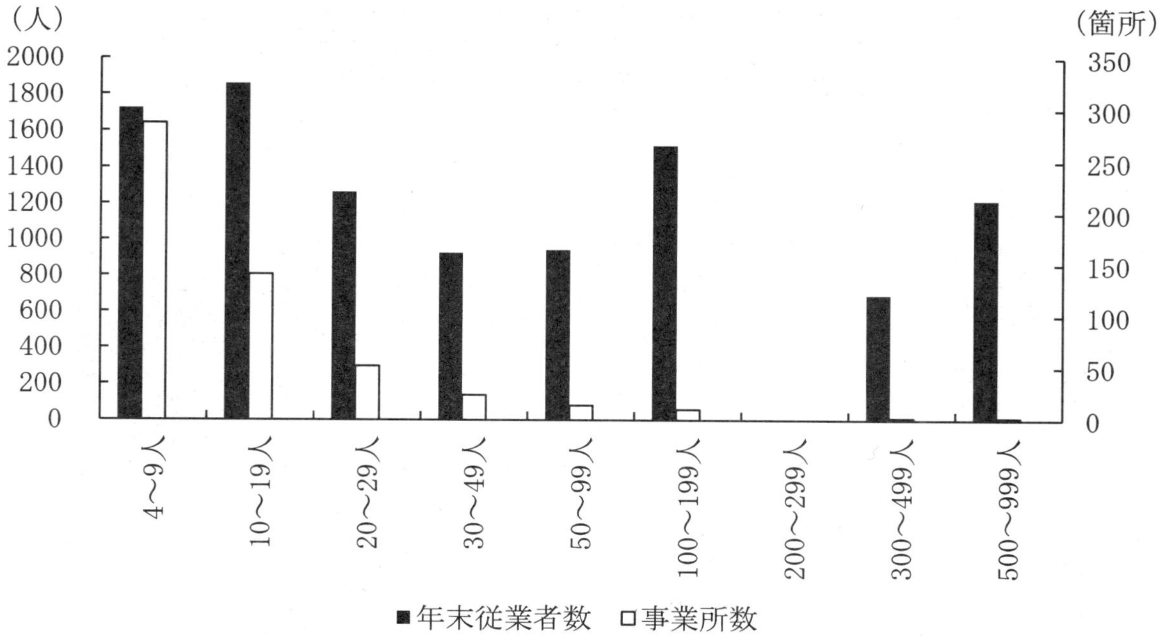

出所：豊中市「平成 28 年　豊中市統計書」より筆者作成。

　市は連携事業に際して、「豊中市生涯現役促進地域連携事業推進協議会」（通称「S サポ」）という協議会を組織している。構成員は、豊中市、豊中商工会議所、（公社）豊中市シルバー人材センター、（社福）豊中市社会福祉協議会、及びシニアワークセンターとよなかとなっている（図表 6-6）。

図表 6-6　Sサポ概念図および構成員

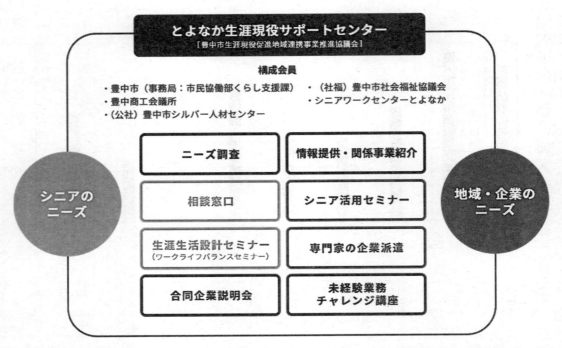

出所：「SサポホームページSサポとは」」(http://s-sapo.net/about) より引用。

1　連携事業にさきがけた取組

　豊中市では、連携事業にさきがけ単独事業として、豊中市くらし支援課（図表 6-7）が、域就労支援センターにおける就労支援事業と無料職業紹介事業を、セットにして実施してきた（それぞれの取り組みのアウトプットは図表 6-8、6-9 を参照）。

図表 6-7　豊中市くらし支援課概念図

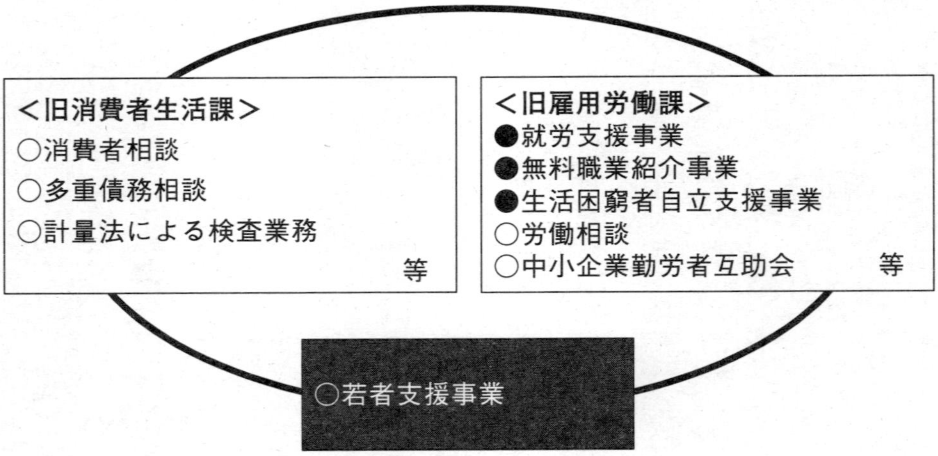

出所：ヒアリング当日配布資料を筆者が編集。

図表 6-8　地域就労支援センターにおける相談・支援の推移

年度	2008	2009	2010	2011	2012	2013	2014	2015	2016
全体の相談者数	514	469	631	892	1033	897	1083	1108	1024
新規相談者数	334	336	506	666	819	512	660	605	604
全体の相談件数	1892	1803	2055	3246	3434	6555	6195	6104	5052
全体の就職者数	185	154	185	368	386	301	290	229	242

出所：ヒアリング当日配布資料より引用。

図表 6-9　無料職業紹介所における各種人数推移

年度	2008	2009	2010	2011	2012	2013	2014	2015	2016
新規求職者数	96	832	1211	1092	847	448	393	243	449
新規求人数	603	1335	1794	2249	1966	1923	1797	1107	1292
求人件数	262	536	705	793	684	613	659	462	449
求人企業数	153	281	343	445	422	358	366	286	242
紹介件数	94	733	1383	1145	886	488	483	237	356
就職件数	29	94	186	180	192	179	86	70	97

出所：ヒアリング当日配布資料より引用。

　就労支援事業は、就労に向けた訓練（動機づけ・職業訓練・履歴書添削等）を、生活上の課題や福祉的課題の解決を含めた形で相談者を支援する試みで、2003 年より実施されている。
　無料職業紹介事業は、相談者の生活状況や労働のニーズを聞いた上で、個別に仕事を提案する形をとっており、2005 年から実施されている。

2　生涯現役サポートセンター（「Sサポ」）の取組

　豊中市では、1 に示した 2 つの取組に結びつけられる形で、連携事業を展開している。図表 6-10 に示しているのは、豊中市が全戸配布している広報誌「広報とよなか」の記事である。この記事は反響が大きく、高齢者にSサポの取組が広く周知されたのみならず、この記事を目にした企業から高齢者雇用の検討の相談も寄せられたという。

図表6-10　「広報とよなか2017年7月号」2～7ページ

出所：ヒアリング当日配布資料より引用。

　Sサポでは、豊中市の連携事業で新たに切り出した業務や、後述する「シニアワークセンターとよなか」によって創出された事業への接続を、従来の豊中市による就労支援事業と無料職業紹介事業のノウハウを活かして行っている。今後は、市の無料職業紹介事業と連携して、職業紹介に特化したワンストップ窓口の設置も予定されており、市の既存の事業との綿密な連携が期待される。

3　「シニアワークセンターとよなか」による事業創出
　豊中市の連携事業のもう1つの大きな取組は、「シニアワークセンターとよなか」（以下、「センター」と表記）による事業創出である。これは、株式会社新事業開発研究所に市が委託して実施されているものである。新事業開発研究所は、2013年度の緊急雇用創出事業から様々な事業創出の取り組みを行っており、連携事業における事業創出はその延長にあると言える。センターの事業のうち、タブレット事業、農業事業、内職事業、居場所コーディネーター養成事業が現在の好事例としてあげることができる。
　タブレット事業は、新事業開発研究所が緊急雇用創出事業の間に養成したタブレットの使い方を教える高齢者の講師を登用して、同世代間で（つまり、高齢者を対象に）講習を行うものである（図表6-11）。この事業への参加者数は、2016年4月～2017年3月において、の

—65—

べ1240人（1回でも参加した人数は802人）にも上り、大変人気を博している事業となっている。

農業事業では、（豊中市内には遊休農地がないため）近隣の豊能町の農地を用いて、センターの職員（この職員は、緊急雇用創出事業の際にセンターに雇用された高齢者）による耕運機の実演等の見学会や収穫の体験会も含みながら、1日5時間週3日程度、本格的なものを行っている。収穫した農産物は、直売や無人販売、委託販売やイベント販売等を通して売られている（図表6-12、6-13）。

内職事業は、2箇所（庄内、蛍池）の作業所に高齢者を集め、中小メーカーから受注した、手袋や雑巾の検品・縫製、断熱材への両面テープ貼り、ニット製品の手縫い縫製等の手作業を行っているものである（参加者は庄内37人、蛍池34人）。作業所にはセンター職員が常駐して納期管理を行い、参加者に作業を教えてもいる。作業所に集まった高齢者は、談笑したり黙々と作業したりと、人によって様々な形で時間を過ごすことができる（図表6-14）。

居場所コーディネーター養成事業とは、今後空き家を使って独居老人や生活困難者の居場所をつくっていく事業に向けた、居場所の管理者を養成するものである（参加者数は、平成28年4月～29年3月において、のべ21人（1回でも参加した人数は11人）（図表6-15））。

図表6-11　タブレット事業の様子

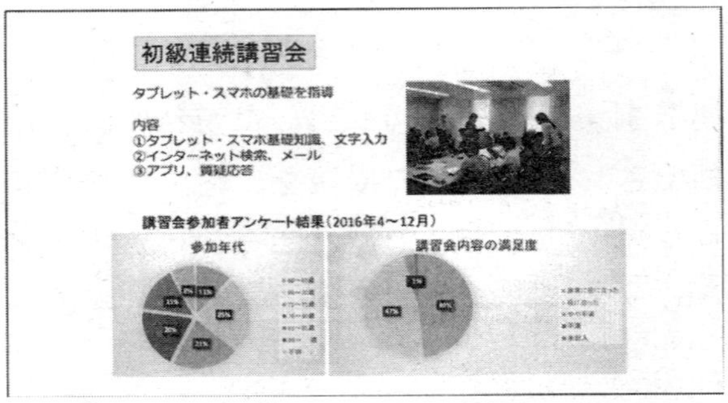

出所：ヒアリング当日配布資料より引用。

図表6-12　農業事業の様子①

出所：ヒアリング当日配布資料より引用。

図表 6-13　農業事業の様子②

出所：ヒアリング当日配布資料より引用。

図表 6-14　内職事業の様子

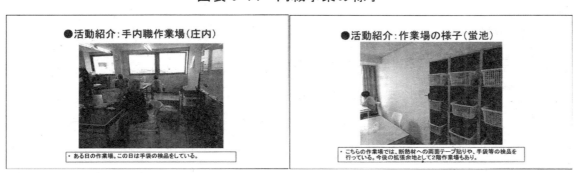

出所：ヒアリング当日配布資料より引用。

図表 6-15　居場所コーディネーター養成事業の様子

出所：ヒアリング当日配布資料より引用。

　これらのセンターの事業は、事業単体で独立して継続できる形を目指していることが特徴的である。つまり、発意を持った高齢者を講師やコーディネーターとして養成し、その高齢者自身が事業を運営し、また、無理のない程度にランニングコストを賄えるようにするモデルをつくっていくことが目指されている。実際、図表 6-16 に記すように、（居場所事業はまだコーディネーター養成段階ではあるが）各事業は単独で一定水準の収入をあげており、この目的はある程度達成されていると言える。

図表 6-16　シニアワークセンターとよなかの各事業の合計収入と収入を得た人数

	収入を得た人数（人）	合計収入（円）
タブレット事業	16	¥1,174,500
農業	10	¥1,253,345
内職事業	71	¥3,846,607
居場所コーディネーター養成事業	-	¥10,500

出所：ヒアリング当日配布資料より筆者作成。

第3節　「とよなか地域ささえ愛ポイント事業」によるボランティア活動の推進

　豊中市では、連携事業とは別に、「とよなか地域ささえ愛ポイント事業」（以下、「ポイント事業」と表記）という、高齢者によるボランティアを通じた地域の活性化を図る取組を行なってきた。これは、2012年10月1日から開始されたもので、市内の65歳以上で介護保険第1号被保険者を対象に、市内のいくつかの施設でのボランティア活動について時間単位でポイントを付与し、そのポイントに応じて市が現金を支払うという事業である。

　ポイント事業への参加希望者は、月2回ペースで開催される事業説明会（1回につき参加者は10名程度）に出席し、登録する必要がある。2017年4月1日時点で登録者数は851名であり、事業の対象となる市内の介護保険施設や社会福祉協議会のボランティアセンター等の施設は122施設に登る。ポイントは、1日1時間程度の活動について100ポイント付与され（上限1日200ポイント、年間5000ポイント、ポイントは付与された翌年度の4月10日まで有効）、100ポイントにつき100円（最大5000円）が登録者の口座に振込まれることになる。2016年度に市が支払った総額は239万7300円となっている。

　こうしたポイント事業は、ボランティア活動を希望する高齢者が、支援を必要とする高齢者に社会貢献活動を行うことで、高齢者自身の介護予防を推進し、かつ、換金できるポイント制度を採用することで、参加意欲を高めることを図ったものである。また、ポイント事業の対象となる施設にとっても、植木の手入れや利用者の話し相手になるといった人手不足の解消や、ボランティアの高齢者が一芸を披露することで日々の活動に刺激を与えるなど、メリットが大きい。加えて、こうしたボランティアを受け入れている開かれた施設であるというPRも可能であり、まさにwin-winの関係にあると言えるだろう。

　ポイント事業は、登録を通じ、高齢者へのアウトリーチを可能としているが、高齢者の多様な活躍という観点からみたときにも、ボランティアという選択肢について、どのように積極的な参加を促すかという点で興味深い取り組みであると言える。すなわち、積極的に賃金労働をしたいわけではないが、何かしらの活動を希望する高齢者について、ボランティアという活躍の選択肢をより魅力的なものとして提示できるものであると言えよう。後述するが、

事業参加者数こそ大きな増加を見せてはいないものの、5年半近く事業が継続しているということを考えれば、豊中市のポイント事業は好事例であると考えられるだろう。

第4節　それぞれの取組の課題とまとめ

1　今後の課題

　Sサポによる個別の職業紹介、センターによる事業創出、ポイント事業によるボランティア活動の促進と、豊中市の取り組みは多岐に渡っているが、それぞれに課題も存在する。

　Sサポについては、職業紹介は個別に対応しているため、現在、大人数を一度に紹介する仕組みはできていない。当然、丁寧な高齢者の就労ニーズの把握を通した職業紹介は重要なことではあるが、今後は大規模な職業紹介の形態も視野に入れていく可能性がある。また、高齢者雇用について、企業の人手としてのニーズには対応できている一方で、高齢者の経験や知識を重視する企業のニーズには応えられていない。こうしたニーズに対応するため、人材バンク事業のような取組を考えているようだ。

　センターの事業創出については、ランニングコストの捻出とセンター職員の負担が課題となっている。現在は連携事業のバックアップと緊急雇用創出事業期の成果によって各々が独立の事業として推進しているものの、今後はより低コストで収益を得るアイデアが要求されるようになる。特に、いかに各取組への参加費を抑えながら（高くなると、人が集まらなくなる）家賃や会場費を賄っていくかということは、重要な課題になっている。また、センター職員が農地や作業所の管理を行っているが、その職員の負担が大きくなりがちであることも懸念材料になっている。今後、講師やコーディネーターとして養成された高齢者が、センター職員と同様の立場になっていく場合、どれだけの負担を負っていけるのかということも踏まえながら、よりよい事業運営の形態を考えていく必要がある。

　ポイント事業では、5年半近く継続している一方で、ボランティア従事者が固定化され、登録者数が横ばいの状況が続いていることが課題になっている。また、参加層が固定化されているために、年齢層も高くなってきている。ポイント事業への参加の啓発キャンペーンは現在積極的には行なわれていないため、今後事業を盛り上げていくためにも、新規参入者を増加させるための取組が必要になっていくだろう。

2　まとめ

　ここまで、連携事業の一環であるSサポの職業紹介とセンターの事業創出、ボランティア活動推進のためのポイント事業の3つの取組を取り上げてきた。Sサポでは、豊中市の既存の就労支援事業と無料職業紹介事業のノウハウを活かし、高齢者を個別の就労ニーズを踏まえた上で、新規に切り出した仕事や創出された事業へ接続していた。センターの事業創出では、意欲のある高齢者を、高齢者を対象とした事業を運営する講師やコーディネーターとし

て養成し、独立して事業を展開していくことが目指されていた。センターによって創出されたそれぞれの事業は、参加者数が一定水準の収入を得るところにまで到達していた。ポイント事業では、市内の介護保険施設等においてボランティア活動を行った（ポイント事業に登録した）高齢者に対し、時間あたりに換金可能なポイントを付与することで、ボランティア活動への参加を促す取組がなされていた。

　豊中市の取組はそれぞれ、以前から行われてきた事業を引き継ぐ形でなされているため、継続的に幅広い取り組みを実施することができている。無論、他のあらゆる自治体が豊中市のように従来からの様々な事業の成果を蓄積できているわけではないため、この事例のように幅広く事業を展開することは難しいかもしれない。しかし、豊中市の事例は、職業紹介、事業創出、ボランティア活動推進という高齢者の活躍についての様々な分野における好事例を提供しているため、それぞれの取組を個別に参考にすることができるだろう。

第7章　福岡県の事例－市町村との協力関係－

第1節　地域のすがた

本章では、福岡県の事例を紹介する[1]。福岡県の年齢別の人口推移は、図表 7-1 に示すとおりである。

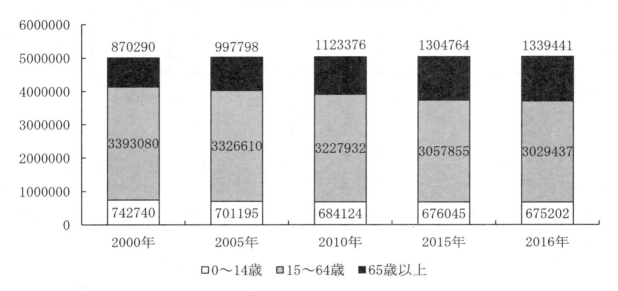

図表 7-1　福岡県の年齢別人口推移（人）

出所：ふくおかデータウェブ「平成 28 年福岡県の人口と世帯年報」(http://www.pref.fukuoka.lg.jp/dataweb/jinko-2016y.html) より筆者作成。

産業構造は、卸売・小売業、医療・福祉、製造業が中心的な位置を占めていると言える（図表 7-2）。

---

[1] 福岡県のヒアリング調査では、福岡県 70 歳現役応援センターの坪根千恵子氏・野中康弘氏、福岡県福祉労働部労働局新雇用開発課の三井朋美氏、公益財団法人九州経済調査協会の原口尚子氏にご協力いただいた。調査に応じてくださった皆様には記して謝意を表したい。また、本調査は 2017 年 10 月 5 日・6 日に実施されたものであり、本報告は調査時点の内容であることに留意されたい。

―71―

図表7-2 福岡県の産業別従事者数および事業所数

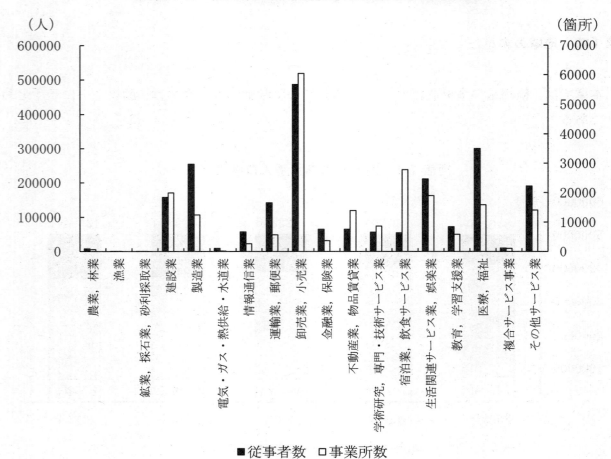

出所：福岡県「産業中分類、経営組織別事業所数及び従事者数」より筆者作成。

　また、図表7-3（参考資料5再掲）に記すように、福岡県は65歳以上就業率が低い一方、1人当たり後期高齢者医療費（2010年）が全国一高く、医療費削減の上で、高齢者の就労による健康増進及び健康寿命の延伸は、効果が期待できると考えられる。

図表 7-3　都道府県別 65 歳以上就業比率と 1 人当たり後期高齢者医療費

○　高齢者の就業率が高い都道府県ほど医療費が低くなる傾向。
(%)
65歳以上就業率（2000年）
長野
山梨
鳥取
岩手
y=-0.1501x+36.317
(-3.8808)
R²=0.2508
北海道
福岡
沖縄
150(万円)
1人当たり後期高齢者医療費（2010年度）
資料出所　厚生労働省「後期高齢者医療事業状況報告」、総務省統計局「国勢調査」
（注）１）75歳以上の高齢者を対象とする後期高齢者医療費について、10年前の高齢者の就業状況との関係をみるため、2000年の都道府県別65歳以上就業率と2010年の都道府県別1人当たり後期高齢者医療費をプロットしたもの。
２）回帰式の下の（　）内はt値。

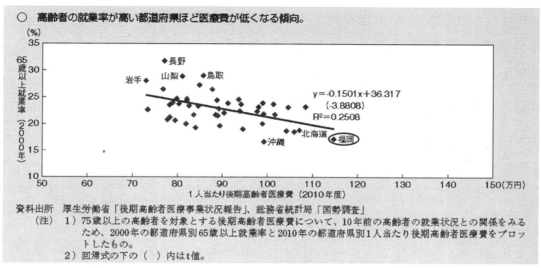

出所：厚生労働省「平成 24 年版 労働経済の分析―分厚い中間層の復活に向けた課題―」を筆者が編集（第 1 章参考資料再掲）。65 歳以上就業比率は 2000 年、1 人当たり後期高齢者医療費は 2010 年のデータを使用。

第 2 節　福岡県 70 歳現役応援センターの取組

前節で示した地域的課題のある中、福岡県では、全国に先駆けて、年齢にかかわりなく活躍し続けることができる選択肢の多い 70 歳現役社会づくりに取り組んできており（図表 7-4、7-5）、2012 年に「福岡県 70 歳現役応援センター」（以下、「センター」と表記）が設置された。

図表 7-4　70 歳現役社会概念図

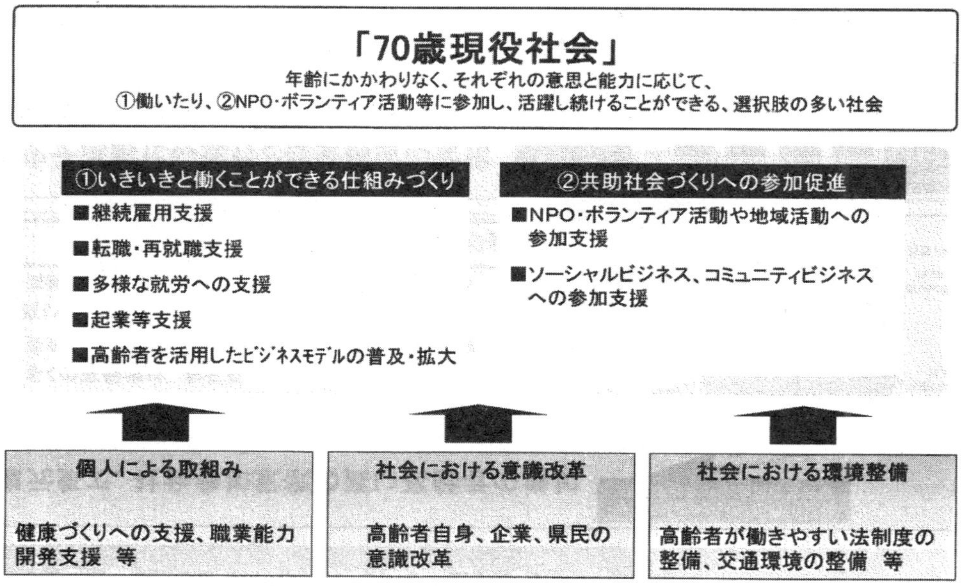

「70歳現役社会」
年齢にかかわりなく、それぞれの意思と能力に応じて、
①働いたり、②NPO・ボランティア活動等に参加し、活躍し続けることができる、選択肢の多い社会
①いきいきと働くことができる仕組みづくり
■継続雇用支援
■転職・再就職支援
■多様な就労への支援
■起業等支援
■高齢者を活用したビジネスモデルの普及・拡大
②共助社会づくりへの参加促進
■NPO・ボランティア活動や地域活動への参加支援
■ソーシャルビジネス、コミュニティビジネスへの参加支援
個人による取組み
健康づくりへの支援、職業能力開発支援　等
社会における意識改革
高齢者自身、企業、県民の意識改革
社会における環境整備
高齢者が働きやすい法制度の整備、交通環境の整備　等

出所：ヒアリング当日配布資料を筆者が編集、修正。

図表 7-5　70 歳現役社会づくりのあゆみ

2010 年 6 月	「福岡県 70 歳現役社会づくり研究会」創設
2010 年 11 月	「福岡県 70 歳現役社会づくり研究会」東京会議開催
2011 年 9 月	「福岡 70 歳現役社会推進協議会」設立
2012 年 4 月	「70 歳現役推進大会」開催
	「福岡県 70 歳現役応援センター」開設
2012 年 7 月	70 歳現役社会づくりモデル地域事業スタート
2013 年 4 月	「70 歳まで働ける企業」への入札参加資格審査加点制度導入
2013 年 5 月	「福岡県 70 歳現役応援センター　北九州オフィス」開設
2013 年 11 月	福岡県とセブン - イレブンとの包括連携協定締結
2014 年 4 月	九州・山口 "70 歳現役社会づくり" 研究会設置
2015 年 1 月	九州・山口 "70 歳現役社会づくり" 研究会中間報告会（東京開催）
2015 年 6 月	「九州・山口 70 歳現役社会推進協議会」設立
	「九州・山口 70 歳現役社会推進大会」開催
	「福岡県 70 歳現役応援センター　久留米オフィス・飯塚オフィス」開設
2015 年 10 月	第 1 回九州・山口 70 歳現役社会推進協議会（幹事会）開催
2016 年 7 月	第 2 回九州・山口 70 歳現役社会推進協議会（幹事会）開催
2016 年 10 月	第 3 回九州・山口 70 歳現役社会推進協議会（幹事会）開催
2017 年 5 月	第 4 回九州・山口 70 歳現役社会推進協議会（幹事会）開催
2017 年 11 月	第 5 回九州・山口 70 歳現役社会推進協議会（幹事会）開催
	「九州・山口 70 歳現役社会推進大会福岡県大会」開催

出所：「福岡県ホームページ「70 歳現役社会」の実現を目指して」（http://www.pref.fukuoka.lg.jp/contents/70-geneki.html）を筆者が編集、修正。

　センターは、企業に 70 歳まで働ける制度（70 歳以上までの定年引上げ、70 歳以上までの継続雇用制度、定年廃止）の導入の働きかけを行うと同時に、社会参加を望む高齢者に対し専門相談員が個別に相談し、経歴や希望を踏まえた上で、情報提供、職業紹介、（後述するように）シルバー人材センターへの取次ぎ、「ふくおか子育てマイスター」をはじめとする県の制度の奨励といった支援を行ってきた（図表 7-6）。

図表 7-6　福岡県 70 歳現役応援センターの機能および体制

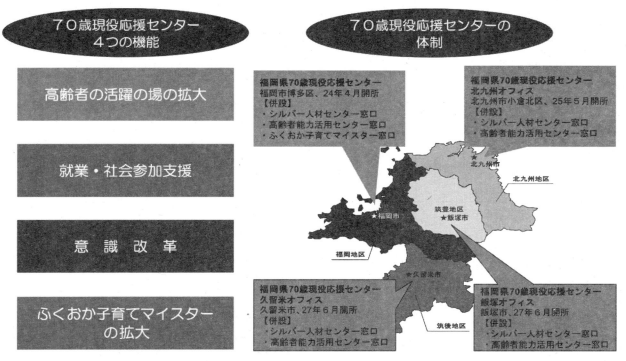

出所：九州・山口 70 歳現役社会推進協議会「九州・山口 70 歳現役社会づくり　パンフレット」を筆者が編集、修正。

　センターでは、連携事業より以前から本来事業として相談事業に取り組んできた。センター自体は就労以外の多くの活躍の選択肢を用意しているものの、利用登録者の 98％は就労を目的としている（うち 86％程度が生きがいや仲間づくりを目的としている）[2]。また、センターには、シルバー人材センター、及び高齢者能力活用センターが週 1 回[3]出張窓口を設置している他、高齢者が子育て支援の現場で活躍するための「ふくおか子育てマイスター制度」の窓口も併設されている。センターに相談に来れば、このような幅広い選択肢を知ることができる。センターの相談によるマッチング件数は、図表 7-7 に示すとおりである。

---

[2] ヒアリング当日配布資料より。
[3] 飯塚オフィスの高齢者能力活用センターの出張窓口は月 1 回。

図表7-7　センターによるマッチング件数等

		2012年度	2013年度	2014年度	2015年度	2016年度	累計
のべ相談件数（件）		5028	9601	14059	16597	18143	63428
利用登録者数（人）		1380	1834	2542	2574	2597	10927
進路決定者数	就職（人）	293	680	1023	1318	1472	4786
	NPO・ボランティア等（人）	13	37	19	24	20	113

出所：ヒアリング当日配布資料より筆者作成。

また、センター利用登録者の男女比は、2016年度では男性1621人(62%)：女性976人(38%)となっている[4]。

センターの理念としては、単に高齢者に仕事をあっせんするだけでなく、その仕事に定着できることを重視している。あっせん後も、センターに配置されたコーディネーターが、就労後の様子を事業主や本人に聞いて、アフターフォローを行っている。センターが開拓した求人に就職した者の3ヶ月後の定着状況は、図表7-8のようになっている。

図表7-8　2016年1～12月におけるセンターが開拓した求人への
就職者の3ヶ月後の定着状況（N=371）（人）

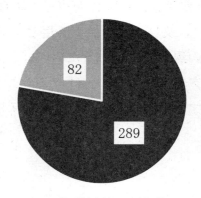

出所：ヒアリング当日配布資料より筆者作成。

センターの見解としては、高齢者を若い労働力の代替として雇っても長くは続かないため、高齢者の個別の状況やニーズに合わせた丁寧な仕事の切り出しとマッチングを行っていくこ

---

[4] ヒアリング当日配布資料より。

とが、定着には重要だという。

センターによる仕事の切り出しの例としては、人手不足に困っている自動車修理業務のものがある（図表7-9）。この例では、洗車や納車まですべて整備士が行っていた状態から、その部分の仕事を切り出して高齢者に任せることで、整備士の負担を軽減することに成功している。

図表7-9　自動車修理業務における高齢者雇用に向けた業務切り出しの例

出所：福岡県70歳現役応援センター「高齢者雇用の手引き〈小売業編〉」より引用。

センターでは、こうした具体的事例を同業かつ同規模の事業所に紹介することで、企業への高齢者雇用の啓発を図っている。

第3節　生涯現役促進地域連携事業の概要

県の生涯現役促進地域連携事業（以下、「連携事業」と表記）は、センターでの取組を中心に据えて実施されている（図表7-10）。

図表 7-10　連携事業と福岡県 70 歳現役応援センターの概念図

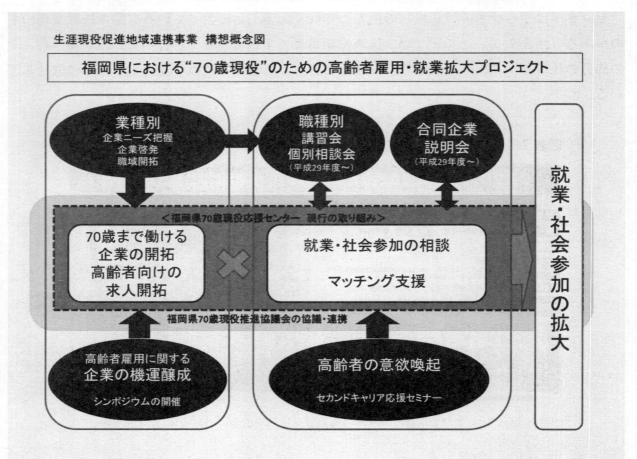

出所：福岡県 70 歳現役応援センターより提供。

　連携事業におけるセンターの取組として、以下ではセカンドキャリア応援セミナーと職種別講習会を取り上げる。また、センターの各企業への認知がまだ行き届いていないため（図表 7-11）、連携事業を通したセンターとその取組の周知も図られている。

図表 7-11　事業所の福岡県 70 歳現役応援センターの認知度（N=462）（％）

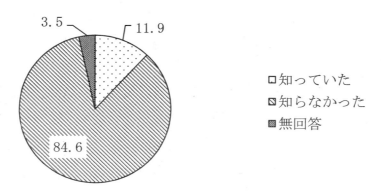

出所：公益社団法人福岡県雇用対策協会「小売業の高年齢者雇用に係る事業所アンケート調査結果」より筆者作成。

　特に、2016 年度 12 月から福岡県の主要産業の 1 つである小売業に特化してアプローチしており、「小売業の高年齢者雇用に係る事業所アンケート」を実施した。これは事業所の高齢者雇用の実態や考え方を調査しているものだが、この調査を通して各事業所に連携事業を周知することにも成功している。

　小売業の事業所の規模は様々だが、50 人前後程度の中規模の小売業者をターゲットにしていくことが有効であると考えられている。「小売業の高年齢者雇用に係る事業所アンケート」においては、30～49 人・50～99 人の従業員規模の事業所が、県の連携事業におけるターゲットになると考えられる（図表 7-12）。

図表 7-12　今後の 65 歳以上の新規雇用の予定（従業員規模別）（％）

区分	考えている	考えていない	わからない	無回答
1～9 人（N=134）	7.5	56.7	33.6	2.2
10～29 人（N=163）	12.9	41.7	42.9	2.5
30～49 人（N=50）	10.0	34.0	54.0	2.0
50～99 人（N=37）	21.6	40.5	32.4	5.4
100 人以上（N=68）	19.1	32.4	45.6	2.9
無回答（N=10）	30.0	20.0	20.0	30.0

出所：公益社団法人福岡県雇用対策協会「小売業の高年齢者雇用に係る事業所アンケート調査結果」より筆者作成。

　なお、「福岡県 70 歳現役社会推進協議会」は図表 7-13 で示すような構成になっている。これは、2010 年 6 月に設置された「福岡県 70 歳現役社会づくり研究会」を母体として、2011 年 9 月に設立されたもので、連携事業の開始以前から存在し、センターとともに高齢者の就労等を推進してきたものである。

本章で紹介する連携事業の具体的な取組としては、セカンドキャリア応援セミナー（以下、「セミナー」と表記）、職種別講習会があり、第2節で紹介したセンターの本来事業と一体的に展開され、それらの事業がより効果のあるものとなっている。

図表 7-13 「福岡県 70 歳現役推進協議会」構成団体

経済団体	福岡県経営者協会
	福岡県商工会議所連合会
	福岡県商工会連合会
	福岡県中小企業団体中央会
労働者団体	日本労働組合総連合会福岡県連合会
高齢者関係団体	（公社）福岡県高齢者能力活用センター
	（公社）福岡県シルバー人材センター連合会
	（社福）福岡県社会福祉協議会
	（公社）福岡県老人クラブ連合会
NPO 団体等	福岡県地域婦人会連絡協議会
	（特非）ふくおか NPO センター
	高齢社会をよくする北九州女性の会
	地域づくりネットワーク福岡県協議会
	（特非）えふネット福岡
関係団体	（公社）福岡県雇用対策協会
行政	福岡県
	福岡県市長会
	福岡県町村会
顧問	法政大学大学院教授 藤村博之
	九州経済産業局
	福岡労働局

出所：福岡県ホームページ「福岡県 70 歳現役社会推進協議会」
（http://www.pref.fukuoka.lg.jp/contents/70kyogikai.html）を筆者が編集、修正。

1 セカンドキャリア応援セミナー

セミナーは年間 20 回開催し、1 回につき 15 人程度の参加者となっている。20 回のうち 4 回は、センターの福岡・北九州・久留米・飯塚の 4 オフィスで開催し、16 回は、県内各地の市と共催の形で市庁舎の会議室や公民館で開催している（市はセミナーの広報にも協力している）。セミナーの開催日程については図表 7-14 を参照のこと。

図表 7-14　2017 年度のセミナーの日程

苅田町	5 月 19 日	久留米市	9 月 14 日
行橋市	5 月 25 日	古賀市	9 月 15 日
柳川市	6 月 7 日	小郡市	9 月 21 日
大牟田市	6 月 15 日	北九州市小倉北区	11 月 2 日
筑後市	6 月 30 日	中間市	11 月 17 日
福岡市	7 月 7 日	北九州市八幡西区	11 月 30 日
糸島市	7 月 13 日	飯塚市	1 月 19 日
筑紫野市	7 月 27 日	田川市	1 月 24 日
福津市	9 月 1 日	直方市	1 月 31 日
宗像市	9 月 7 日	朝倉市	3 月 1 日

出所：ヒアリング当日配布資料を筆者が編集、修正。

2　職種別講習会

　小売業の講習会では、接客マナーをロールプレイング形式で実施し、2013 年に締結された福岡県のセブン‐イレブンとの包括連携協定を活かし、セブン‐イレブンのレジを持ち込んでレジ体験も行っている。

　前述のとおり、センター利用登録者の男女比は、2016 年度では 6:4 であったが、小売業の接客の講習会では圧倒的に女性が多くなっている（福岡市では、27 人の参加申し込み者のうち男性 6 人・女性 21 人、北九州市では、23 人の参加申し込み者のうち男性は 8 人・女性 15 人）。

3　今後の課題とまとめ

　連携事業の取組の課題としては、あくまで県単位の事業であるため、細かな地域の特性に合わせたものになっていないことがある。特に、北九州地区や筑豊地区ではセミナーへの参加が比較的芳しくない状況があり、その内容や広報の仕方に改善の余地がある。

　県の連携事業は、センターの取組を中心として展開されている。センターは本来事業として、相談事業や、コーディネーターによる就労後のアフターフォロー、高齢者の状況や就労ニーズに合わせた業務の切り出しを行っていた。連携事業においては、センターでは、主要産業の 1 つである小売業に焦点を当て、セカンドキャリア応援セミナー、職種別講習会によって、高齢者及び事業所の啓発を進めている。

　本報告が紹介した福岡県の事例では、県単位で連携事業を営むに当って、市町村の協力を得て、県の産業や人口といった特徴を踏まえ、業種を絞って様々な事業が展開されていた。特に、企業の啓発の面では、同業種・同規模の事業所の具体的な高齢者雇用の成功例を示す方が効果的だと考えられ、今後さらに小売業の求人やマッチング数も増えていくことが期待される。

第8章　大阪府の事例－民間企業との連携、高齢者ならではの強みを啓発－

第1節　地域のすがた

　本章では、大阪府の事例を紹介する[1]。大阪府の人口の推移は図表8-1に示すとおりだが、2015年時点の人口推計では、後期高齢者数が2010年の83万人から2025年に153万人に達する見込みとなっていて、これは全国平均を上回る増加率となっている。

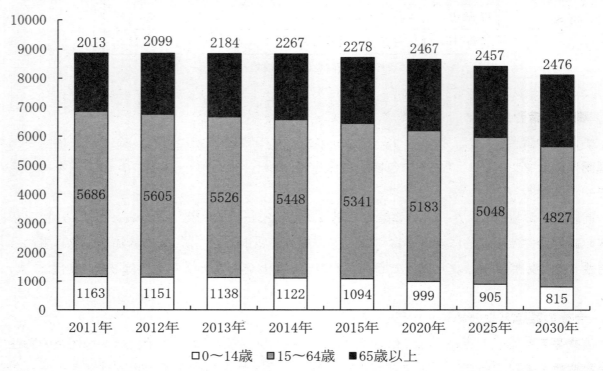

図表8-1　大阪府の人口推移（2020年以降は2010年時点での人口推計）（千人）

出所：大阪府「平成28年度大阪府統計年鑑」、大阪府「大阪府高齢者計画2015」より筆者作成。2015年までのデータは「平成28年度大阪府統計年鑑」のもの、2020年以降の人口推計データは「大阪府高齢者計画2015」のものを使用。

　また、大阪府の産業は図表8-2に示すとおりで、卸売・小売業を筆頭に製造業や医療・福祉が中心的になっている。

---

[1] 大阪府でのヒアリング調査では、大阪府商工労働部雇用推進室就業促進課の山本恭一氏・植木友紀子氏、大阪府高年齢者就業機会確保地域連携協議会シニア就業促進センターの田中千世子氏、大阪労働局職業安定部職業対策課の渡邉和江氏・野村卓史氏、一般財団法人大阪労働協会の小林祐子氏・橋詰泰幸氏・北野優子氏にご協力いただいた。調査に応じてくださった皆様には記して謝意を表したい。また、本調査は2017年7月13日・14日に実施されたものであり、本報告は調査時点の内容であることに留意されたい。

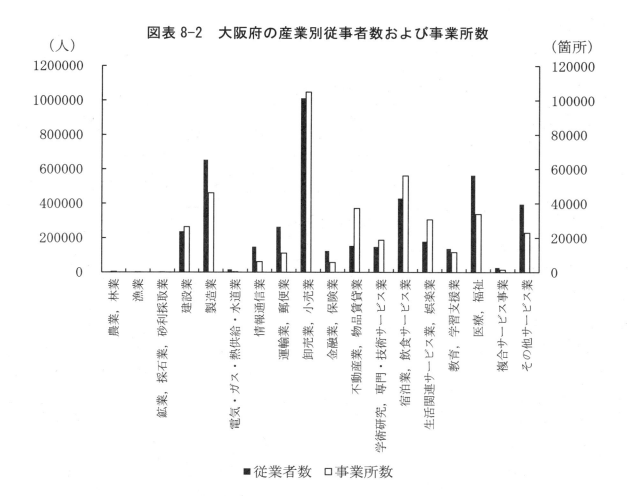

図表8-2 大阪府の産業別従事者数および事業所数

出所：大阪府「平成28年度大阪府統計年鑑」より筆者作成。

第2節　生涯現役促進地域連携事業の概要

　大阪府高年齢者就業機会確保地域連携協議会（以下、「協議会」と表記）は2016年6月に設置され、職域にかかわらず高齢者が働けるところを拡大するために、生涯現役促進地域連携事業（以下、「連携事業」と表記）を実施するに至っている。その背景として、高齢者は今後増加し、健康寿命の延伸等の課題が出てくる一方で、企業は人手不足に悩んでおり、これらを高齢者の雇用で解決でき、また、そのことによって地域も活性化できるのではないか、という考えがある。府単位で連携事業を行うメリットは、単に大きな規模で事業を展開できるというもの以外にも、協議会メンバーの1つである大阪府の公民連携（民間の力を借りて社会の課題を解決する）の資源を用いることができるという点がある。具体的には、大阪府はセブン‐イレブン等のいくつかの企業と包括連携協定を結んでおり、この協定を活かす形で事業を進めていることがあげられる。

　協議会は、既に大阪労働局が実施してきた「高年齢者就労促進連絡会議」がそのまま協議会となり、そこに労働局がオブザーバーとして加わっているものになっている（図表8-3）。

図表 8-3　協議会の構成メンバー

協議会構成員	大阪府
	（公社）関西経済連合会
	大阪商工会議所
	（公財）産業雇用安定センター大阪事務所
	（公社）大阪府シルバー人材センター協議会
	（独法）高齢・障害・求職者雇用支援機構大阪支部
	（一社）大阪府雇用開発協会
オブザーバー	大阪労働局

出所：ヒアリング調査より筆者作成。

1　仕事説明会

　協議会は現在職業紹介を行っておらず、仕事説明会を中心に事業を実施している。これは、協議会が、高齢者がワンクッションおいて考えることができることを重視しているためである（説明会に参加した高齢者は求人情報を持ち帰ることができ、一度考えてから申し込むことができる）。例えば、セブン‐イレブンやガソリンスタンドの仕事説明会は一般財団法人大阪労働協会（以下、「労働協会」と表記）が運営を受託しており、その流れは、労働協会による10分程度の説明→企業による仕事説明・（セブン‐イレブンの場合は）レジ体験→求人情報の持ち帰り、となっている。労働協会による説明は、高齢者ならではの強みがあることを説明し、若い人に対する劣等感を払拭することや、経験豊富だからといって高慢になってはいけないこと等が内容になっている。また、レジ打ちは高齢者に難しい業務と思われがちなため、実際に機材を持ち込んでなされるレジ体験は人気を博しているようだ。セブン‐イレブンの仕事説明会の実施状況は図表 8-4 に示すとおりである。

図表 8-4　セブン‐イレブン仕事説明会実施状況

エリア	日付	時間	会場
北摂・高槻エリア	2017年1月9日	14:00～15:00	豊中商工会議所
			茨木市市民総合センター
東大阪・枚方エリア	2017年1月23日	14:00～15:00	布施駅前市民プラザ
			メセナ枚方
和泉・河内エリア	2017年2月6日	14:00～15:00	岸和田浪切ホール
	2017年2月10日	14:00～15:00	八尾市文化会館プリズムホール
大阪南・堺エリア	2017年2月13日	10:30～11:30	コミュニティプラザ平野
		14:00～15:00	堺市産業振興センター
大阪中央・阿倍野エリア	2017年3月6日	14:00～15:00	大阪産業創造館
梅田・大阪北・淀川エリア	2017年3月13日	10:00～11:00	大阪市立住まい情報センター
		10:30～11:30	城東区民センター
		14:00～15:00	弁天町ORC200生涯学習センター

出所：セブン‐イレブン仕事説明会チラシ（ヒアリング当日配布資料）より筆者作成。

2　ワンストップ窓口の設置

　前述のとおり、協議会はワンストップ窓口「シニア就業促進センター」を設置している（図表 8-5）。これは、ハローワークやシルバー人材センターに行っても仕事が見つからない高齢者や、そうしたサービスを知らない高齢者を就業につなげるためのものである。このシニア就業促進センターは、協議会メンバーの 1 つである大阪府の単独事業によって設置された「OSAKA しごとフィールド」（ここには、求人情報を提供する大阪東ハローワークコーナーも設置されている）の中にあり、速やかな連携が可能となっている。

図表 8-5　シニア就業促進センター概念図

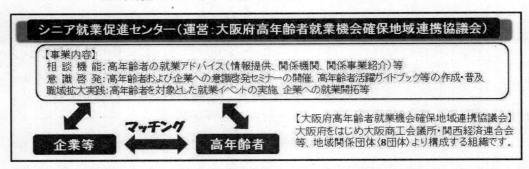

出所:「大阪府ホームページ「シニア就業促進センター」」(http://www.pref.osaka.lg.jp/koyotaisaku/senior_center/index.html) より。

　また、この事業による 2016 年度の実績は、セブン‐イレブン、ガソリンスタンド、飲食店等を合わせた 37 人となっている。

3　高齢者への周知

　連携事業の柱の 1 つである仕事説明会を充実したものにするには、高齢者への周知が欠かせない。

　説明会の周知は、主にハローワークや区役所、図書館等の公共施設にチラシ（図表 8-6～8-8）を置いたり、新聞折込の求人広告紙に掲載したり（図表 8-9）することでなされている。特に求人広告紙への掲載は、高齢者はよく新聞を読むため、効果的だという。また、こうした広告を読んだ家族による紹介によって周知されることもある。

図表 8-6　セブン - イレブン仕事説明会チラシ（左）
図表 8-7　ガソリンスタンド仕事説明会チラシ（右）

出所：ヒアリング当日配布資料より。

図表 8-8　企業面接会チラシ（左）
図表 8-9　求人広告紙に掲載されている広告（右）

出所：ヒアリング当日配布資料より。

　また、チラシ（図表 8-6～8-8）には、仕事説明会を通して実際に働いている高齢者の写真を載せており（図表 8-10、11）、高齢者の説明会への参加意欲を向上させるよう工夫されている。

—87—

図表 8-10　セブン - イレブン仕事説明会チラシ（左）
図表 8-11　ガソリンスタンド仕事説明会チラシ（右）

出所：ヒアリング当日配布資料より。

4　企業の啓発とセブン - イレブンの事例

　上で紹介した高齢者向けの仕事説明会の広告を企業が見ることで、企業からの説明会への参加の打診につながることもある。これは、単なる企業の人手不足に加え、「シニア就業促進センター」の高齢者の定義が 55 歳からになっている点も障壁を下げていると考えられる。とはいえ、60～70 歳の就業事例もあるため、比較的若い高齢者ばかりが採用されるわけではない。

　連携事業において、仕事説明会を通した高齢者の就業が最も成果を出しているのは、セブン - イレブンの事例であろう（数だけを見ても、2016 年では、セブン - イレブンだけで 19 人の実績が上っている）。セブン - イレブンでは、主に弁当の宅配サービス（セブンミール）に高齢者を活用している。セブン - イレブンは、今後コンビニエンスストアが地域の見守りの役割を果たしていくと考えている。そして、セブンミールに高齢者を起用することで、消費者としての高齢者に雇用された高齢者が弁当を宅配し、そこで最近の様子等を尋ねるなどの会話が発生することをねらう。それによって、見守りの機能が果たされるということだ。ここには、高齢者に対する接客は、高齢者が行った方がサービス向上につながるという考えがある。また、そうした会話をする中で追加の注文を受けることもあるため、売上向上にもつながっていく。

　こうしたセブン - イレブンの事例は、協議会にとって理想的な高齢者の就労のあり方であると言える。というのは、協議会は高齢者を単に人手不足の解消のための人材として考えてはおらず、むしろ、高齢者には高齢者ならではの人材としての強みがあると考えているからである。セブン - イレブンの事例では、高齢者への接客は若い人よりも高齢者が行った方が良いという点で、高齢者ならではの強みが発揮されていると考えられる。これに加え、協議会が考え啓発している高齢者の強みは、時間をしっかり守ることや、わからないことをきく習慣があること、報告・連絡・相談の遵守がある。また、比較的柔軟な時間帯で働くことができるということもある。このように、高齢者は高齢者であるがゆえに労働者としての強みを持っていることをPRすることは、企業の高齢者の積極的な登用を促しうると考えられる。また、高齢者ならではの人材としての強みがあることを強調することは、高齢者にとっても就労に向けた自信につながる。つまり、高齢者は若い労働者の代替ではなく、独自の強みを

持った貴重な人材として働けるという考えをもつことができる。このことは、単に人手不足の解消のための高齢者雇用という発想からさらに進み、より企業にとっても高齢者自身にとってもよりメリットがある高齢者雇用像を提示しているという意味で、連携事業にとって極めて重要な考え方であると言える。

5　今後の見通し

　前述のように、連携事業は、大阪府の事業である OSAKA しごとフィールドの一環として位置づけられているため、連携事業終了後も、大阪府をはじめとする高齢者雇用の促進に資する事業の中で継続していくことが予定されている。

　また、協議会は企業への意識啓発を一層強化することを考えている。連携事業がターゲットとして想定している高齢者は、仕事をしたいと考えてはいるものの、ハローワークに行く等の具体的に行動を起こしていない人であり、収入は1月当たり10万円以下でもよく、特に短時間勤務を希望しているという特徴がある。協議会は、雇用された高齢者の定着のために、短時間勤務で給料をさほどもらわずとも、そうした高齢者が気持ちよく働けるような職場づくりが重要であると考えている。今後は高齢者の定着の側面も含んだ企業への啓発がなされていくことが予想される。

6　まとめ

　本章では、協議会の事務局である大阪府での連携事業について、ワンストップ窓口の設置と仕事説明会という2つの取り組みに注目してきた。この事例で特に注目すべきことは、仕事説明会における取組である。説明会のチラシには実際に働いている高齢者の写真を載せ、就労を考えている高齢者の参加意欲の向上が図られていた。そして、新聞折込の求人情報紙に説明会の広告を載せることも、事業の周知に大きく貢献していた。また、協議会は、企業や高齢者に対し、消費者としての高齢者へのサービス向上、時間を守ること、報告・連絡・相談の習慣があること等の、高齢者ならではの労働者としての強みをアピールしている。そこには、単に人手不足の解消のための高齢者の雇用ではなく、独自の貴重さを持った人材としての高齢者の雇用という理念が示されている。それが生かされた事例として、セブン‐イレブンの弁当の宅配サービス（セブンミール）をあげることができる。こうした理念は、高齢者雇用をより促進し、充実したものとする可能性を持っていると考えられる。

第9章　大分県の事例－シルバー人材センターとの連携－

第1節　地域のすがた

　本章では、大分県の事例を紹介する[1]。図表9-1で示しているように、大分県は卸売・小売業を筆頭に、製造業や宿泊・飲食サービス業、医療・福祉が中心的な産業になっている。また、鉄・化学・石油といった素材型産業や半導体・自動車の加工組立型産業の企業を積極的に誘致してきているのも特徴である（図表9-2）。

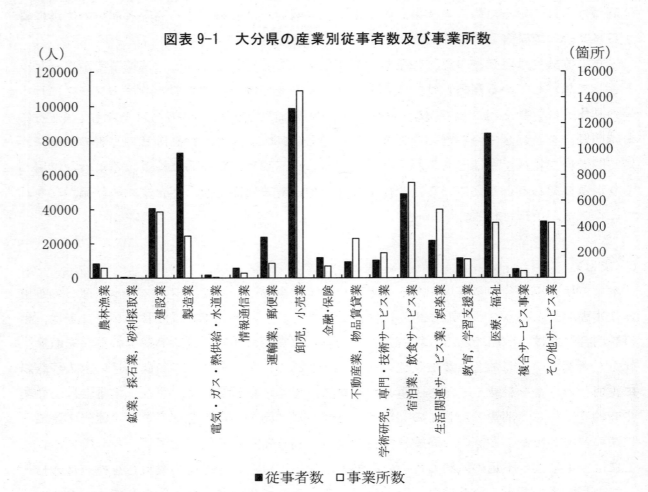

図表9-1　大分県の産業別従事者数及び事業所数

出所：総務省「平成26年経済センサス‐基礎調査」より筆者作成。

---

[1] 大分県のヒアリング調査では、大分県商工労働部雇用労働政策課の後藤豊氏・甲斐昭臣氏・長谷部貴志氏・榮岩祐介氏、大分県シルバー人材センター連合会の藍畑則文氏・髙山修一氏・堤喜代司氏、大分市シルバー人材センターの幸野正市氏にご協力いただいた。調査に応じてくださった皆様には記して謝意を表したい。また、本調査は2017年11月9日・10日に実施されたものであり、本報告は調査時点の内容であることに留意されたい。

図表 9-2　大分県の産業集積

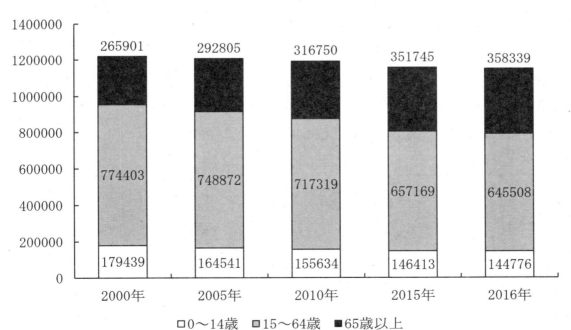

出所：大分県「2017年度版大分県企業立地のご案内（パンフレット）」より引用。

　一方で、図表9-3に示すように、大分県の人口は一貫して少子化・高齢化が進んでおり、労働力不足や高齢者の生活の支え手不足が問題になっている。

図表 9-3　大分県の各年齢階層の人口推移（人）

年	0～14歳	15～64歳	65歳以上
2000年	179439	774403	265901
2005年	164541	748872	292805
2010年	155634	717319	316750
2015年	146413	657169	351745
2016年	144776	645508	358339

出所：大分県「平成28年版 大分県の人口推計報告」より筆者作成。

こうしたこともあって、福岡県の先進的な動き[2]に追随する形で、高齢者の就業支援を県単位で行ってきた。ここでは、生涯現役促進地域連携事業（以下、「連携事業」と表記）およびシルバー人材センターの現状という点から紹介する。

第2節　生涯現役促進地域連携事業の概要

1　連携事業にさきがけた取組

　大分県は、前述のように、福岡県の先進的な動きもあって、連携事業にさきがけ、2012年度には40歳以上の求職者を対象とした「大分県中高年齢者就業支援センター」の設置、2015年度に高齢者雇用だけでなくボランティアも視野に入れた「大分県70歳現役社会推進研究会」の立上げを行ってきた（全体的な流れは図表9-4を参照）。

図表9-4　大分県と九州・山口の政策の流れ

大分県		九州・山口	
2012年4月	大分県中高年齢者就業支援センター設置	2013年8月	九州地域戦略会議にて70歳現役社会づくり協議
2014年7月	第1回「70歳現役社会づくり庁内研究会」	2013年10月	九州地方知事会にて70歳現役社会づくりを政策連合のテーマに
2014年9月	第2回「70歳現役社会づくり庁内研究会」	2014年4月	「九州・山口"70歳現役社会づくり"研究会」発足
2015年8月	第1回「大分県現役社会推進研究会」	2015年6月	九州・山口70歳現役社会推進協議会創設
2015年10月	「機運醸成講演会」	2015年10月	九州・山口70歳現役社会推進協議会第1回幹事会
2016年2月	第2回「大分県現役社会推進研究会」		
2016年6月	大分県シニア雇用推進協議会設立	2016年7月	九州・山口70歳現役社会推進協議会第2回幹事会
2016年7月	大分県シニア雇用推進オフィス開設		
2016年10月	生涯現役促進地域連携事業受託		

出所：ヒアリング当日配布資料より筆者作成。

---

[2] 「第7章　福岡県の事例－市町村との協力関係－」を参照。

また、連携事業に備え、2016年6月に大分県シニア雇用推進協議会を設置し（図表9-5）、7月には県単独の事業として「大分県シニア雇用推進オフィス」を設置していた（連携事業の採択は10月）。これは、正規職員1名とシニア雇用推進員（非常勤職員）1名を置き、企業向けの啓発を中心に行っていくものである（「大分県シニア雇用推進オフィス」の概念図は図表9-6）。

図表9-5　大分県シニア雇用推進協議会概念図

出所：「大分県ホームページ「「大分県シニア雇用推進協議会」のご案内」」
　　　（http://www.pref.oita.jp/soshiki/14580/oita-senior-kyogikai.html）より引用。

図表 9-6　大分県のシニア雇用に関わる体系図

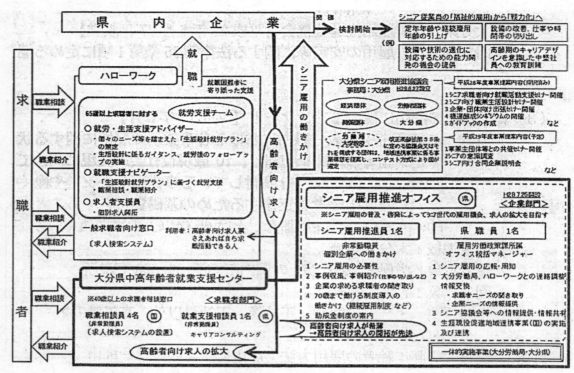

出所：ヒアリング当日配布資料より引用。

また、「大分県シニア雇用推進協議会」は図表 9-7 に示すメンバーによって構成されている。

図表 9-7　「大分県シニア雇用推進協議会」構成メンバー

大分県経営者協会	経済団体
大分県商工会議所連合会	
大分県商工会連合会	
大分県中小企業団体中央会	
大分経済同友会	
日本労働組合総連合会大分県連合会	労働団体
（独）高齢・障害・求職者雇用支援機構大分支部	関係団体
（公財）産業雇用安定センター大分事務所	
（公財）大分県総合雇用推進協会	
（公社）大分県シルバー人材センター連合会	
（社福）大分県社会福祉協議会	地方公共団体

出所：「大分県ホームページ「「大分県シニア雇用推進協議会」のご案内」」
　　　（http://www.pref.oita.jp/soshiki/14580/oita-senior-kyogikai.html）を筆者が編集、修正。

県は、県内のほとんどの市町村が人員不足のため高齢者雇用に向けて動き出せていないために、先陣を切って取組もうという動機から、連携事業を県単位で実施するに至っている。

　県の見解としては、2016 年度より前は企業側があまり高齢者雇用に積極的ではなく、企業啓発に力を入れてきたが、それ以降になると、人手不足感から 60 歳以上の人材を求める声が上がり始めたという。そこで、県は高齢者の潜在的労働力の掘り起こしやマッチングに力点を移していった。

2　就職面談会

　県の連携事業の成果として著しいものは、2017 年 10 月 26 日に実施された「シニア世代のための就職面談会 2017」（以下、「面談会」と表記）である。前述のとおり、市町村がまだ積極的に高齢者雇用に向けた動きを見せていない一方で、面談会の参加者が企業 48 社、求職者310 人に上るなど大盛況となり、高齢者層にかなりの潜在的労働力が眠っていたことがうかがえる。面談会は、高齢者に対しては新聞広告や折込チラシ（図表 9-8）が効果的だったという。ハローワークやシルバー人材センターもＰＲに協力的だったという。

　また、企業については、シニア雇用推進員の働きかけにより、参加を募っていた。このシニア雇用推進員（非常勤職員）は、かつて「ジョブカフェおおいた」で企業向け支援業務を担当し、「おおいた産業人財センター」のセンター長も勤めていた経験があり、企業との信頼関係やニーズを把握した上での呼びかけによって、この参加数をもたらしたという。面談会は企業側の反応も良く、事業終了後も面談会は継続していく方針である。その一方で、製造業の参加率が悪く、今後はそうした業種にも何らかの啓発を行っていくことが必要になる可能性がある。

図表 9-8　面談会の新聞折込チラシ

出所：ヒアリング当日配布資料より引用。

3　周知・広報の取組

　面談会のポスター、チラシに加え、大分県では、地元雑誌社が発行する雑誌に記事を載せている。この記事では、多分野にわたる具体的な高齢者の就労事例を、就労している高齢者自身の声を通じて詳しく紹介している。そこでは、高齢者が働くことにおけるポイントも紹介されており、高齢者の就労を啓発する効果を高めている。前述のポスター、チラシや雑誌記事の例に見られるように、大分県の事例は広告に大きく力を入れているものであることがうかがえる。

第3節　大分市シルバー人材センターの取組

　大分県では、県の有効求人倍率が 1.45（2017 年 12 月分）に達しており[3]、民間企業が人材確保のため高齢者の引き止めに動くこともあって、大分市シルバー人材センター（以下、「シルバー」と表記）会員登録者数は微増状態に留まっている（図表 9-9）。

---

[3] 大分労働局「大分県の雇用情勢　平成 29 年 12 月分」（http://oita-roudoukyoku.jsite.mhlw.go.jp/news_topics/houdou/2017houdou/_121456.html）参照。

図表 9-9　シルバー会員数と職業安定所における有効求人倍率

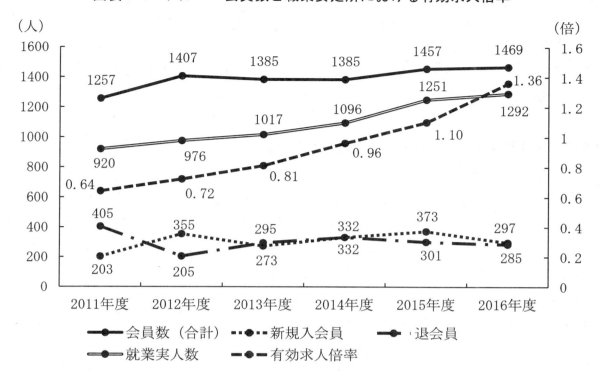

	2011年度	2012年度	2013年度	2014年度	2015年度	2016年度
有効求人倍率	0.64	0.72	0.81	0.96	1.10	1.36
会員数（合計）	1257	1407	1385	1385	1457	1469
新規入会員	203	355	273	332	373	297
退会員	405	205	295	332	301	285
就業実人数	920	976	1017	1096	1251	1292

出所：大分労働局「大分県の雇用情勢　平成29年2月分」
　　　（http://oita-roudoukyoku.jsite.mhlw.go.jp/news_topics/houdou/2016houdou/20160414koyo.html）、大分県シルバー人材センター連合会「平成29年度版（平成28年度実績）　シルバー人材センター事業運営状況」より筆者作成。

　また、会員は、健康上の問題や介護の必要でやむを得ない場合を除けばほとんどの登録者が働いている状況（図表9-9を参照）で、これ以上就業率の伸びしろがないのが現状である。そこで、シルバーでは、ラジオCMを流したり「二豊ジャーナル」という団地新聞に広告を載せたりする等、入会者数を伸ばす取組みを行っている。また、第2節2で述べた面談会にブースを出す試みも行っていた。この面談会ブースでは40名以上の高齢者が訪れたということで、企業での就労に関心のある者も、シルバーおよび、シルバーでの臨時的・短期的な就業や軽易な業務に係る就業に代表される働き方に関心を持っていることが明らかになった。

また、退会抑制のための対策として、シルバーでは年2回、300名程度を対象に、就業できるか否かの確認電話を行っている。また、会員（特に女性）の就労ニーズに合わせた就業先を積極的に提案することも考えているという。

ここでは、有効求人倍率の上昇にともない企業による雇用の動きも高まる中で、シルバーと人手を取り合うような形になってしまっていることがうかがえる。

第4節　大分県シルバー人材センター連合会の取組

大分県シルバー人材センター連合会は2つの技能講習を行っている。高齢者スキルアップ・就業促進事業による技能講習と、高齢者活躍人材育成事業による技能講習である。

1　高齢者スキルアップ・就業促進事業による技能講習

これは、大分労働局から受託したもので、ハローワークと連携し、55歳以上のハローワーク求職申込み者に対し、技能講習を行い、修了後に面接会を開くものである（図表9-10）。

図表9-10　高齢者スキルアップ・就業促進事業による技能講習

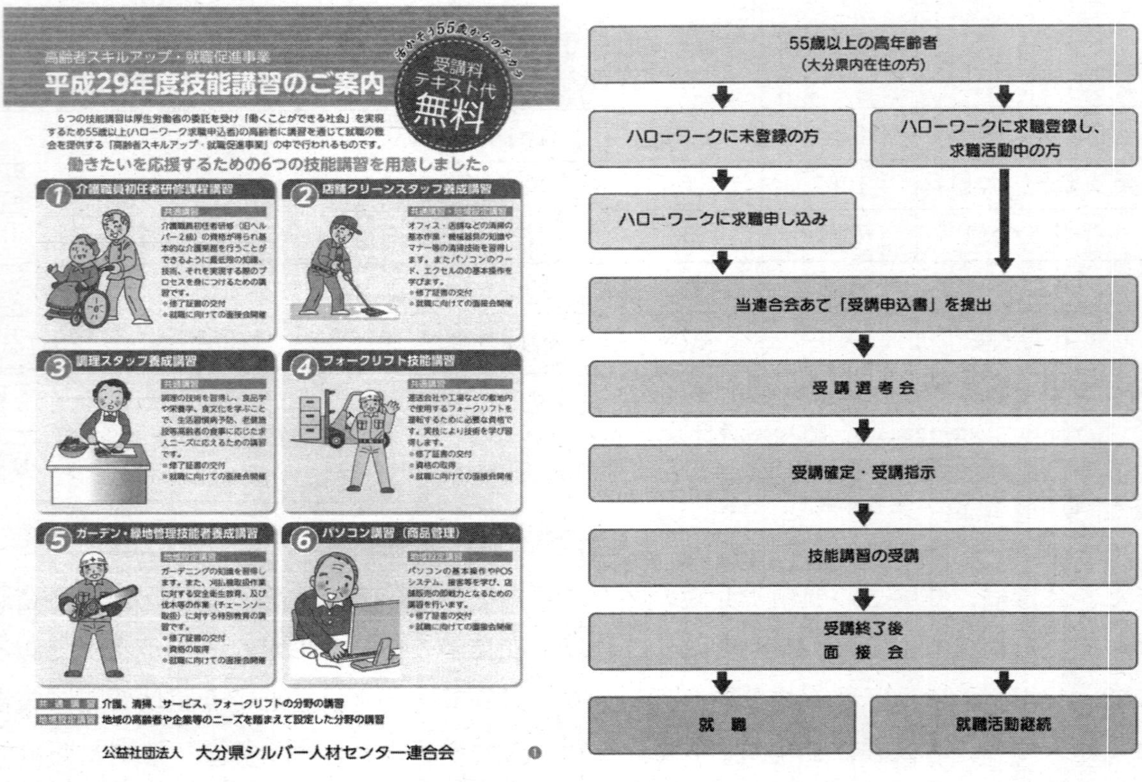

出所：大分県シルバー人材センター連合会「各種技能講習のご案内　高齢者スキルアップ・就業促進事業のご案内」（http://www.o-sjc.com/course/senior.php）より引用。

2　高齢者活躍人材育成事業による技能講習

これは、地域の高齢者が活躍できるように、60歳以上の高齢者を対象に、育児・介護支援分野などの人手不足分野において、シルバー人材センター会員として派遣就業するために必要な基礎知識・基礎技術を学ぶことができるもので、地元のシルバー人材センター会員になってもらうための勧誘を兼ねているものである（図表 9-11）。講習参加者のうち、会員になる者は 2〜3 割程度となっている。また、この講習にはハローワーク求職者も参加できる。この講習の認知度はあるものの、従来のシルバー人材センターついての草刈りや剪定のイメージを払拭し、参加者数を増大させることが課題となっている。

図表 9-11　高齢者活躍人材育成事業による技能講習

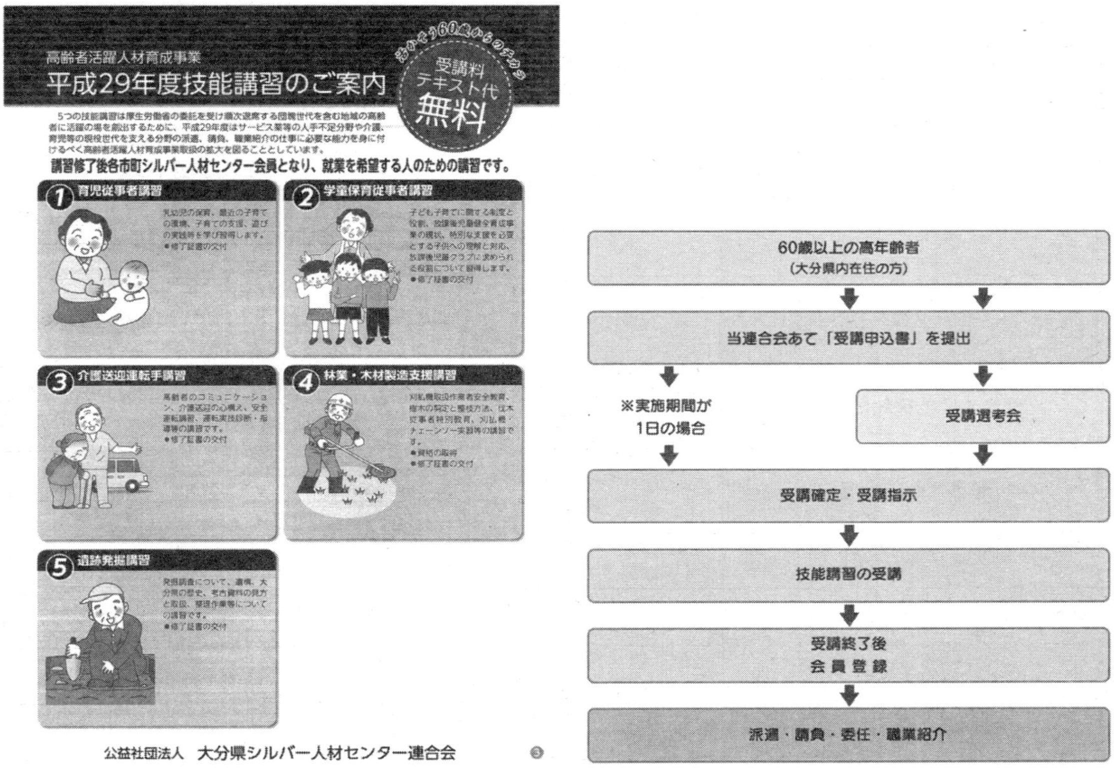

出所：大分県シルバー人材センター連合会「各種技能講習のご案内 高齢者活躍人材育成事業のご案内」
（http://www.o-sjc.com/course/kourei.php）より引用。

高齢者スキルアップ・就業促進事業による技能講習、および高齢者活躍人材育成事業による技能講習の実施状況は図表 9-12 のようになっている。

図表 9-12　技能講習の実施状況

地域	高齢者スキルアップ・就業促進事業による技能講習			高齢者活躍人材育成事業による技能講習		
	講習名	定員	実施期間	講習名	定員	実施期間
大分市	介護職員初任者研修①	15	2017 年 6 月 5 日～7 月 31 日	育児従事者講習	8	2017 年 7 月 26 日
	介護職員初任者研修②	15	2017 年 10 月 16 日～12 月 12 日	学童保育従事者講習	10	2017 年 9 月 7 日
	調理スタッフ養成講習	15	2017 年 10 月 11 日～10 月 30 日	介護送迎運転手講習	15	2017 年 10 月 25 日
	ガーデン・緑地技能者講習	15	2018 年 2 月 6 日～2 月 16 日	遺跡発掘講習	20	2017 年 12 月 12 日～12 月 15 日
由布市	調理スタッフ養成講習	15	2017 年 6 月 19 日～7 月 7 日			
別府市	介護職員初任者研修	15	2017 年 9 月 19 日～11 月 14 日	林業・木材製造支援講習	10	2018 年 2 月 1 日～2 月 6 日
	調理スタッフ養成講習	15	2017 年 9 月 7 日～9 月 29 日	遺跡発掘講習	20	2017 年 11 月 7 日～11 月 10 日
	クリーンスタッフ養成講習	15	2018 年 10 月 17 日～10 月 31 日			
日出町				学童保育従事者講習	10	2017 年 12 月 1 日
杵築市				林業・木材製造支援講習	10	2017 年 7 月 4 日～7 月 7 日
国東市				育児従事者講習	8	2017 年 6 月 21 日
豊後高田市	フォークリフト技能講習	15	2017 年 7 月 21 日～11 月 10 日	林業・木材製造支援講習	10	2017 年 11 月 21 日～11 月 27 日
宇佐市	パソコン講習（商品管理）	15	2017 年 10 月 30 日～11 月 10 日	学童保育従事者講習	10	2017 年 10 月 6 日
中津市	調理スタッフ養成講習	15	2017 年 9 月 7 日～9 月 29 日	育児従事者講習	8	2017 年 8 月 2 日
	フォークリフト技能講習	15	2017 年 12 月 15 日～12 月 22 日	介護送迎運転手講習	15	2017 年 9 月 13 日
日田市	介護職員初任者研修	15	2017 年 8 月 1 日～10 月 6 日	学童保育従事者講習	10	2017 年 8 月 24 日
	クリーンスタッフ養成講習	15	2017 年 11 月 10 日～11 月 22 日	林業・木材製造支援講習	10	2017 年 9 月 19 日～9 月 25 日
豊後大野市	調理スタッフ養成講習	15	2017 年 9 月 1 日～10 月 6 日	学童保育従事者講習	10	2017 年 8 月 24 日
	ガーデン・緑地技能者講習	15	2017 年 6 月 12～6 月 22 日			
臼杵市	調理スタッフ養成講習	15	2017 年 6 月 28 日～7 月 27 日	育児従事者講習	8	2018 年 1 月 23 日
佐伯市	介護職員初任者研修	15	2017 年 8 月 22 日～10 月 27 日	育児従事者講習	8	2017 年 11 月 1 日
	クリーンスタッフ養成講習	15	2018 年 1 月 18 日～1 月 30 日	林業・木材製造支援講習	13	2017 年 10 月 10 日～10 月 16 日

出所：大分県シルバー人材センター連合会「各種技能講習のご案内　高齢者スキルアップ・就業促進事業のご案内」(http://www.o-sjc.com/course/senior.php)、大分県シルバー人材センター連合会「各種技能講習のご案内　高齢者活躍人材育成事業のご案内」(http://www.o-sjc.com/course/kourei.php) より筆者作成。

第5節　まとめ

　大分県では、なかなか高齢者雇用の拡大に向けた動きが市町村単位で進んでいないため、県が主導して連携事業に取り組んでいた。県の連携事業は、特に事業の PR に力を入れており、面談会で高齢者の大規模な動員（310 人）を達成し、それが実った形になっていた。また、「大分県シニア雇用推進オフィス」に企業に顔が広い人材を職員として登用することで、面談会に 48 社もの参加を可能にしていた。大分市シルバー人材センターでは、高い有効求人倍率のために会員の確保が課題となっており、各種広告や電話による会員への確認を行って新規勧誘及び退会引止めを図り、会員数を維持することに努めていた。県のシルバー人材センター連合会では、高齢者スキルアップ・就業促進による技能講習、高齢者活躍人材育成事業による技能講習を行っていた。特に後者はシルバー会員を増やし、人手不足分野でのシルバー派遣就業の拡大を目的としているが、受講者の確保が課題となっている。

　大分県の事例（特に、連携事業）では、新聞を中心とした広告の戦略が功を奏していることがわかる。また、シニア雇用推進員に多くの企業とのパイプをもつ人材を採用することで、面談会に企業を参加させることを通して、高齢者雇用への啓発を推し進めていた。その一方で、有効求人倍率が高く民間での高齢者雇用が進むことで、シルバー人材センターは会員の確保が課題となっている実態があった。連携事業による取組は、県がシルバー人材センターやハローワークとどのように連携していくことが効果的なのかを考えさせられる事例であったと言えよう。

第10章　高齢者の就労支援に向けたこれからの事業展開

　各章で自治体等の取組をみてきたが、その基本的考え方ひとつをとってみても、自分に合った仕事があれば就労してもいいとする層を社会参加させ、健康維持につなげようというものもあれば、年金収入等が十分でない層の貧困化を予防するために就労先を確保しようというものもあり、多岐にわたっている。これらの事例を抽象化、普遍化してその中から特効薬的な取組や必須項目を抽出するのは難しいことである。それを承知の上で、あくまでも個別事例であるという前提で、他の自治体等にも参考になるのではないかと思われる点を指摘しておく。

第1節　コーディネーターの役割

　コーディネーターの活躍するリーディングケースとして、平成21年度から25年度の「生きがい就労事業」における柏市の事例で、東京大学高齢社会総合研究所が、関係機関の協力を得ながら就労機会を発掘し、地域の高齢者と結びつけたことを指摘することができよう。

　各地域の取組の中では、松山シルバー人材センターの取組は、地域にあるニーズを発掘するというよりは、創出していると言っても過言ではない。

　具体的には、本論にもあるように、郷土料理を創作するために、高齢者の農作業で郷土料理とリンクしたどのような作物を作れるかという点からスタートし、地元の産品である「緋かぶ」に着目したわけであるが、それだけでは、仮に作物の生産、収穫が可能となり耕作放棄地の活用という課題が解決できたとしても、それに見合った需要は保障されていない。そこで、同センター（この場合はセンターの役員）は、近隣にある世界的観光地でもある「道後温泉」と地域において活発な「まつやま郷土料理研究会（なもしの会）」（以下、「料理研究会」）とのコラボレーションを試み、料理研究会に対しては、「緋かぶ」を素材とする郷土料理の開発、温泉街に対しては、「緋かぶ」を素材とする商品の土産物としての販売について協力を依頼し、ある程度の需要について目処をつけたわけである。

　コーディネーターの真価が発揮されたのはまさにこの点にあり、「料理研究会」や「温泉街」に協力してもらえる関係が構築されていたことによって、優れたプランが画餅に終わることなく花開いたわけである。これはシルバー人材センターが日常的に果たしている役割に加え、センターの役員が地元経済界と深い絆を構築していることが大きい。

　また、郷土料理マイスターの育成によって郷土料理としての知名度を高めたことによって、土産物としてのブランド価値が一層高まっていることからも明らかなように、実に綿密なプランが練られていたわけで、関係者との協力関係が築かれていた点とともに、プラン自体の戦略性の高さも成功の大きな要因といっていいだろう。

　大分県の事例では、就職支援施設経験者がコーディネーター役を務めているが、そのとき

に培われたつながりやノウハウを活かし、日常的に企業に出入りできることによって、当該企業の人材ニーズや高齢者雇用への関心の度合い等をリアルタイムで把握できている。このことによって県から企業サイドへ働きかける際に、テーマに応じて効率的にターゲットを設定できている。

　これらの事例に見られるように、地域の団体や企業と密接な関わりを持った（端的に言えば「顔が利く」ということになろうか。）コーディネーター役がいること、又はコーディネーター役を果たしている団体等にそのような者がいることが、各種取組の成否を握っていると言っても過言ではないと思われる。

第2節　農業分野の取組

　農業分野は重点分野若しくは戦力的分野と位置づける団体等が多いが、耕作放棄地を再利用して野菜を収穫するような「本格的な」農業から家庭菜園的なものまで、その水準に幅がある。しかしながら、ヒアリングした範囲では、高齢者だけで本格的な農業のレベルで成功している事例はなかなか見当たらない。その理由は、本格的農業に対応できる高齢者がそもそもいないという点に尽きるようである。

　臨海工業地帯で働いていた、農業に従事した経験は殆どないものの、体力等比較的高いレベルの高齢者をターゲットとしている総社市の事例では、農業経験があり、農業機械運転等の資格のある高齢者はまずいないであろうとした前提は正しいものの、そうしたレベルの高いと思われる高齢者でも、天候の影響を受ける不規則な就労形態、炎天下等の厳しい環境下での作業、野菜等の重量物運搬等体力を要する作業（例えば、白菜やキャベツを畝に沿って収穫する作業）等に抵抗を感じない者はあまりいないというのが現実の姿であるということであり、耕作放棄地の開墾ということを最終目的とするのであれば、若い世代のUIJターン者を募る方がまだ現実的なのかも知れない。

　そうした中で、本格的農業という前提を見直すことによって成功している事例が第1節でもとりあげた松山市のケースである。こちらも当初は「耕作放棄地の完全復興」的なゴールを想定していたが、重労働に対するハードルの高さから就労者の確保が進まず、比較的軽作業でもできる小型野菜（緋かぶ）の栽培に切り替えたところ（当該小型野菜への需要を創出したことは第1節で述べたとおり。）、高齢者の確保が可能となった事例である。身の丈にあった事業としたことが成功につながったと言え、柏市の取組で紹介した現在でも就労が継続している家庭菜園的農園にその原点を見ることができる。高齢者側の事情に配慮するという点は農業に限らず、高齢者の活躍できる舞台を考える上で常に求められるのではないか。

　なお、総社市の事例では、上記のような視点を取り入れ、花き栽培のような軽易な作業に高齢者が従事しているケースを実現させたほか、果樹栽培について検討を進めている。また、本格的農作業の中から高齢者向けに配送等の比較的軽易な業務を切り出し、そちらに専念す

ることでやはり高齢者の就労が実現している。この場合、本格的農作業の補助的役割であるが、高齢者に適した作業を集約し、高齢者に担わせるという考え方も様々な分野に応用できる考え方であろう。

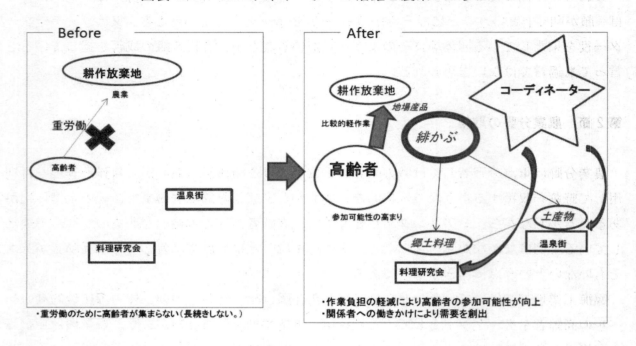

図表10-1　コーディネーターの活躍と農業への参加

第3節　高齢者ならではの強み

　高齢者の雇用を促進していく上では、企業が高齢者について正しく理解することが必要不可欠であるが、高齢者は賃金と比べて生産性が低く、その雇用をコスト増と考え、二の足を踏んでいる使用者が依然として存在することも事実である。
　また、高齢者の側からみても、自らの能力や市場価値を正しく把握できず、過去の経歴や地位にこだわりをもち過ぎ、自らの活躍できる分野を限定的に考えているケースも少なくはない。
　こうした中で、労使双方の意識改革の必要が指摘されているが、「高齢者ならではの強み」ということで企業に対して啓発を行い、企業側の理解も進みつつあるようである。
　具体的には、おおむね以下のような点に集約されると思われるが、
① 高齢者は丁寧さや相手の対場を慮れることなどコミュニケーション力が高い、
② 高齢者は時間厳守、いわゆる「ほうれんそう」（報告、連絡、相談）と言った点で誠実に対応できる、
③ 時間に対する自由度が高い

といったことがらである。

　また、高齢者に対してもそのような強みを自覚し自信を持つよう促し、一方で、過去の職歴や地位にこだわることのないように啓発している点も見逃せない。

　労働力人口の減少や景気の拡大を反映し、人手不足感が強まっており、企業の高齢者に対するニーズが高まっている。こうした点からは、上記の高齢者ならではの経験に基づく円滑なコミュニケーション力や高齢化が進む中で増加する高齢の顧客への対応力など高齢者の経験に基づく能力に対する「人材」としてのニーズだけでなく、短時間勤務や早朝の就業など時間的にフレキシブルな対応が可能であることの多い高齢者に対する「人手」としてのニーズも高まりを見せているところであり、企業に対する啓発は一層時宜を得たものになるのではないか。

　また、高齢者にとっても、過去の経歴や肩書きを一旦リセットすることで、自ら築いているバリヤーを解消することができ、「自分に合った仕事があれば」という、比較的「注文の多い」生きがい的就労であっても、その対象として考えられる範囲が拡大するのではないか。

　地方自治体等にとっても、高齢者の能力やニーズに合致した就労先を開拓する一方で、高齢者の意識改革や能力開発（レジ打ちの実習もそうである。）を促進し、その就労の可能性を拡大することは意義深いと考えられる。

図表 10-2　企業のニーズと高齢者ならではの強み

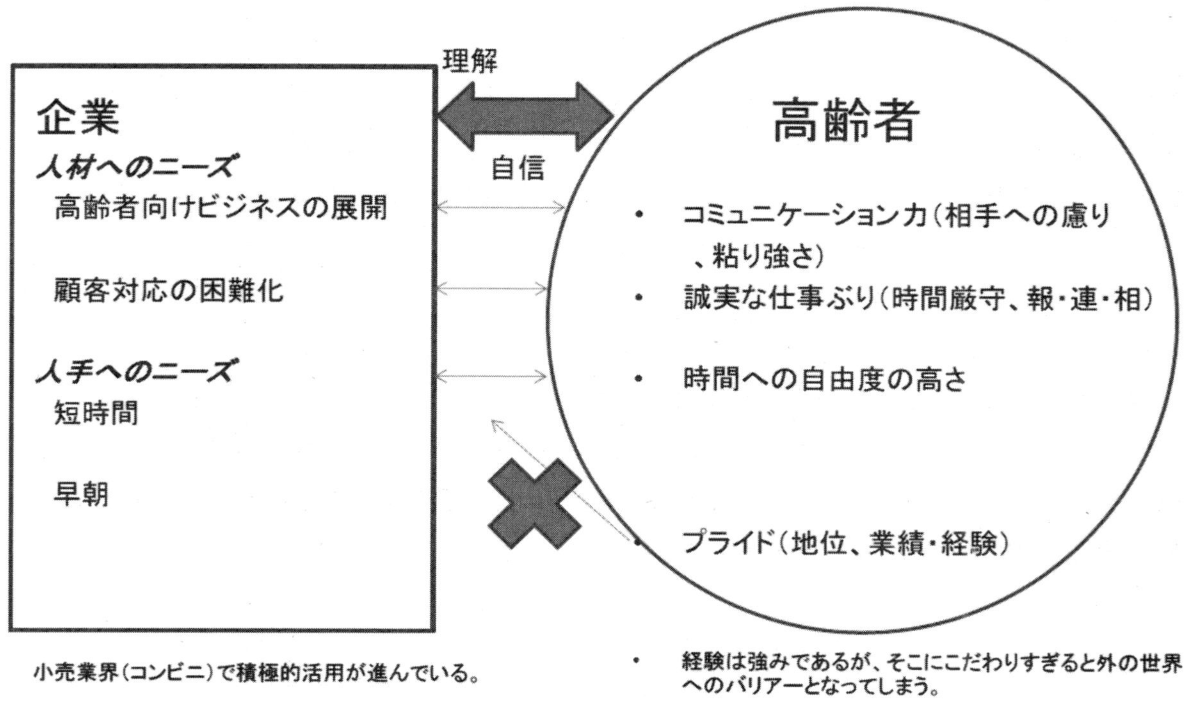

小売業界（コンビニ）で積極的活用が進んでいる。

・　経験は強みであるが、そこにこだわりすぎると外の世界へのバリアーとなってしまう。

—105—

第4節　ワンストップセンターの役割

　各地域の取組で、福岡県、大分県、豊中市、総社市などいわゆるワンストップセンターを設置しているケースがあった。雇用に特化している窓口から、福祉部門までウィングの広がったセンターまで様々であったが、都道府県と市町村では所管する分野が異なることから自ずとその守備範囲も変わってくる。

　福岡県の「70歳現役応援センター」や大阪府の「シニア就業促進センター」は個人のニーズに見合った就労機会を発掘する、マッチングを重視したセンターであるが、働いて収入を得たいという意欲はあるものの、ハローワークやシルバー人材センターに行くことを躊躇している者や自らの適性がわからずに悩んでいる者にとっては、相談等を通じてハローワークやシルバー人材センターへの橋渡しをしてくれるセンターは雇用、就労へのハードルを下げるワンストップセンターと言ってもよく、その存在についての認知度が高まれば、高齢者を掘り起こす上で一層有効な窓口となると考えられる。なお、現時点においては、来所者が雇用、就労に特化していることもあり、ボランティアを志向するケースは必ずしも多くない。

　豊中市においても、訓練も視野に入れた相談事業、地域における就労先の創出事業等をつなげるためにワンストップサービスを実施しているが、高齢者の生計状況や企業の人手不足感など地域の事情を踏まえ、関係部署が連携し、きめ細かに事業を展開している。

　総社市の「60歳からの人生設計所」では、それ自体が相談機能を有したセンターであるのみならず、雇用部門と福祉部門が一体となって、就労困難な者への相談も行うスーパーワンストップセンターを展開していた。就労へつなげるという意味で、就労を妨げている要因を解決するための相談を同じ場所で行えることは意義深く、スーパーワンストップセンター内の他のセンター（生活困窮支援センター、ひきこもり支援センター等）への来所者が「人生設計所」を通じて就労につながるケースも出ている。また、地域包括ケアシステムの中にも位置づけられていることから、ボランティア的な社会参加の道も開かれており、就労は難しそうでもそちらの道に進むケースもある。このようにスーパーワンストップセンターとして、間口の広さから来所者も多岐にわたる一方、相談の種類や就労先も幅広く用意されており、市町村ならではの、雇用部門と福祉部門の連携により、雇用、就労についてのワンストップセンター（人生設計所）の機能が最大限発揮されているところである。

　このようにワンストップサービス自体、利用する高齢者にとっても就労等の社会参加への近道となっているが、現場に密着した市町村レベルでの雇用部門と福祉部門の連携はその機能を飛躍的に増大させる可能性があると言えるのではないか。

第5節　シルバー人材センターとの連携

　地方自治体等とシルバー人材センターとの関係にも触れておく。今回のヒアリング先は松山市シルバー人材センター以外は県又は市が事業の中心を担っており、それぞれの自治体とシルバー人材センターとの関わりも様々である。

　シルバー人材センターは、センターが企業、個人、地方自治体等から受注した原則臨時、短期、軽易な業務をセンターに登録された会員に対し提供する団体で、全国に1000を超える数がある。センターが受注した（発掘した）業務を会員に提供する点で、求人情報を求職者に提供するハローワークの職業紹介とは機能、対象が異なっている。シルバー人材センターの扱う業務が、草取り、剪定、自転車整理等に代表されているかのようなイメージを払拭することにより、今以上に業務の発掘、拡大を通じて、多様な働き方を実現していくことは重要であろう。

　このようにシルバー人材センターを有効に活用するという点で考えるならば、大阪府や福岡県のワンストップセンターに見られるように、就労を通じて社会参加したいものの、本格的就労のイメージが強いハローワークや、草取り、自転車整理等の仕事しかないとの印象を持ってシルバー人材センターへ足が向かない高齢者との間を橋渡しすることにも一定の意味があるのではないか。

　柏市シルバー人材センターは、広範に業務を受託し、シルバー人材センターとして十分に機能しているところであり、さらに生きがい的就労に関心（意欲とまではいえない程度）のある高齢者に対するアウトリーチのあり方についても、新たな協議会の枠組みの中で積極的な役割を果たしていくことが期待される。

　大分県と大分市シルバー人材センターの関係は、就労を希望する高齢者の中にも様々なニーズがあることを浮き彫りにした。県の主催する企業説明会で企業のブースと同じように大分市シルバー人材センターのブースを開設したところ、参加した 310 名の参加者のうち 40 名以上が同ブースに訪れたということであるが、高齢者の多様なニーズに応えると言う意味では画期的な取組であったわけである。この点についていえば、大分市シルバー人材センターに企業説明会のポスターを掲示したり、チラシを設置するなどによってシルバー人材センター会員が企業説明会に参加しているケースもかなりあったようである。

　企業で本格的に働くか、請負・派遣で臨時短期的に就労するかは、高齢者のおかれている健康状態や経済状態で変わりうるものであろう。そうであれば就労形態の転換、あるいはそのことへのアクセスが容易に行われることは非常に意義深い。

図表 10-3　シルバー人材センターと県（企業説明会）の相互協力

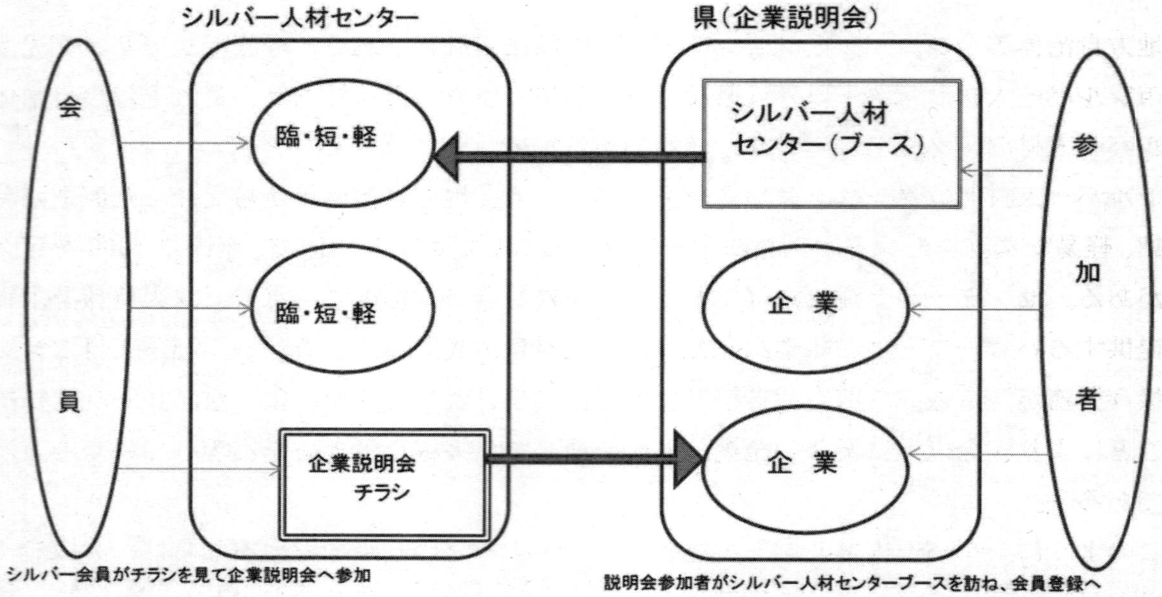

シルバー人材センター　　　　　　　　　　県（企業説明会）

会員　→　臨・短・軽　←　シルバー人材センター（ブース）　←　参加者

臨・短・軽　←　企業　←

企業説明会チラシ　→　企業　←

シルバー会員がチラシを見て企業説明会へ参加　　　　　　説明会参加者がシルバー人材センターブースを訪ね、会員登録へ

　いずれにしても地方自治体の高齢者就労支援対策がシルバー人材センターと同じような業務、高齢者を対象とするのではなく、観光分野における国際的人材の活用支援や、シルバー人材センター等へ社会参加を躊躇している人材をつなぐといった形で、地方自治体とシルバー人材センターとの間で役割分担ができ、就労形態の転換を容易にするという観点からも大分にみられるような連携体制を構築することは、事業の効果を広範に広げる上で欠かせない視点ではないか。

第6節　事業展開に当たって

　個別の事例から、効果的な取組と思われるものを抽出してきたが、これらを一体的に実施するとすれば、例えば次のような点に配慮した取組が考えられる。

1　関係者の連携体制の構築

　生涯現役促進事業が地方自治体を中心とする協議会によって運営されることから、まず当該協議会の設置が必須であるが、その際に、ターゲットとなる高齢者層について共通認識を持つことが、事業を効率的に展開する上でのスタートになる。また、観光分野、農業分野、福祉分野など開拓する就労先に応じ、地域の観光協会関係者や社会福祉協議会等を構成員にすることも必要である。

　会員向けサービスを展開するシルバー人材センターとの連携、相互乗り入れも、高齢者を就労、社会参加に導く上で重要であることは言うまでもない。

－108－

2 高齢者へのアウトリーチ

高齢者への周知、アウトリーチの手段も様々であるが、地方自治体の広報や地域ごとの購読割合にもよるが地元紙への広告やチラシ、図書館等高齢者の利用する割合の高い公共機関におけるポスター掲示、チラシの配布（設置）等は効果があると考えられる。

セミナーの開催によって高齢者を幅広く集め、アンケート等を活用して個々の高齢者の意欲や能力を把握することも、精度の高いマッチング、高齢者の就労継続につながる取組となる可能性がある。

3 就労先の開拓（コーディネーターの確保）

高齢者の就労先の開拓に当たっては、地域のコミュニティや企業の事情に詳しいコーディネーターがいることが望まれる。地域経済やネットワークに通じている経済団体関係者の統率力や地域の企業事情に明るい商工団体関係者の情報収集力等は、就労先の開拓（需要の創出も含めて）に当たって、大きな推進力となろう。

図表 10-4 高齢者の活躍に向けた取組のポイント

○地域の関係者の連携体制の構築
・ターゲット（生きがい的就労、生活補助的就労）の設定
・事業内容に応じたメンバー等（観光関係、個別企業との協定）
○高齢者へのアウトリーチ
・広報媒体（市報、新聞、図書館等高齢者の利用する媒体）の選択
・ニーズの把握（セミナー参加者、センター利用者へのアンケートの活用）
○就労先の開拓（コーディネーターの確保）
・企業との日常的つながりのあるコーディネーターの活用
○高齢者への啓発
・高齢者ならではの強みの自覚、地位や経験へのこだわりの払拭
○就労先への啓発
・高齢者ならではの強みを生かした働き方
・高齢者の特性に応じた働き方（軽作業化、職務の切出し等）

4 高齢者への啓発

2 のアウトリーチとも通ずるものであるが、高齢者の潜在的な社会参加意欲を喚起し、又は世間からの取り残され感を払拭する上からも、高齢者が自らの強みを認識することは、自信につながり、意欲の増大も期待できる点で効果的である。高齢者にアウトリーチする段階で、意識改革のきっかけを作ることができれば、その後の選択肢の拡大につながり、理想的であろう。

実務、作業の経験を通じ、職業能力を向上させる機会を設定することも同様の意味で意義があろう。

5　就労先への啓発

就労先に対しては、そのニーズに応じ（人材が必要なのか、人手が必要なのか）、高齢者ならではの強みを売り込み、高齢者に対するネガティブなイメージを払拭することが、高齢者雇用への理解を通じ、就労先の拡大につながる。高齢化が進む中で、経済活動も高齢者を対象とするケースが増大し、商品の購入者やサービスの受益者が高齢者になる場合、高齢者のコミュニケーション力や同じような視点を持っている点は、商品やサービスの魅力を伝えるうえで大きな強みになろう。

また、一部流通業界などでは、高齢者の時間的自由度の高さに着目し、早朝の人手確保が困難な時間帯や一時的な繁忙の時間帯などに積極的に高齢者を活用しているところであるが、そのような高齢者ならではの強みを幅広く知らせることで、高齢者の活用に前向きになる企業等を増大させることが期待できる。

さらに、農業の例で見たように、高齢者の身体的特性等に応じ、労働時間、就業環境面等で作業負担を軽減化する、高齢者に合った職務を切り出して集約するなど、いわばハードルを下げ、高齢者にあわせた就労機会にすることで高齢者の参加を促すことが可能になる点について周知すれば、いわゆる WIN−WIN の関係で、高齢者の社会参加意欲を顕在化させて就労につなげた事例を作り出すことにつながるであろう。

参 考 資 料

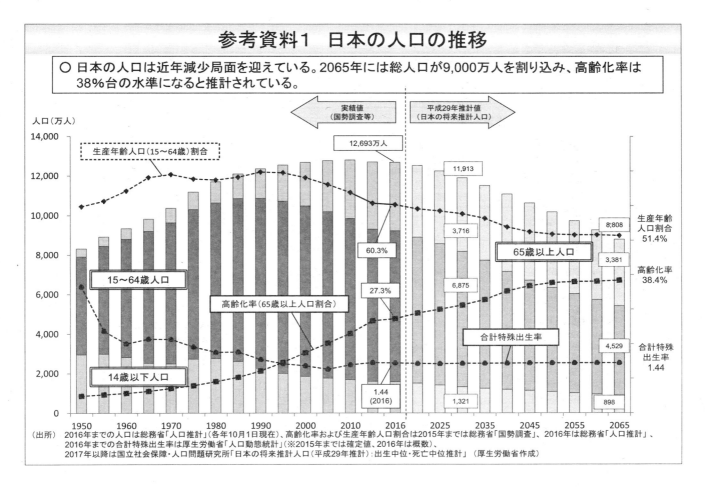
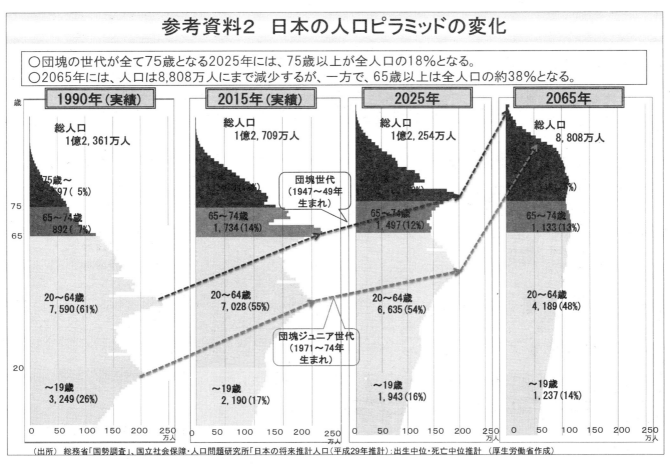

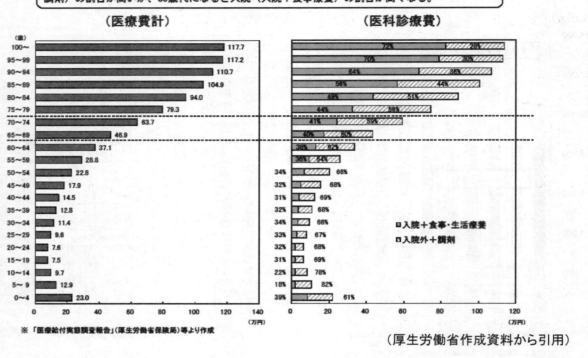

参考資料3　年齢階級別1人当たり医療費（平成27年度）（医療保険制度分）

1人当たり医療費を年齢階級別にみると、年齢とともに高くなり、70歳代までは外来（入院外＋調剤）の割合が高いが、80歳代になると入院（入院＋食事療養）の割合が高くなる。

（厚生労働省作成資料から引用）

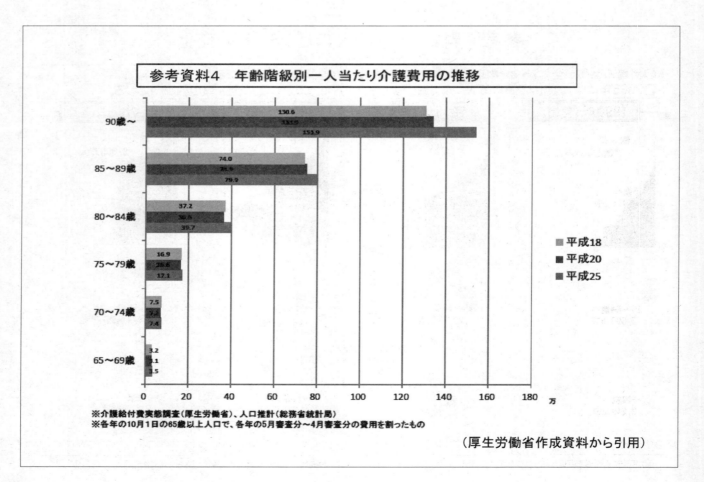

参考資料4　年齢階級別一人当たり介護費用の推移

（厚生労働省作成資料から引用）

参考資料5　都道府県別の65歳以上就業率(2000年)と1人当たり後期高齢者医療費(2010年度)の関係

○ 高齢者の就業率が高い都道府県ほど医療費が低くなる傾向。

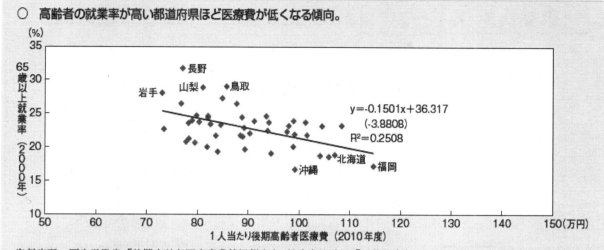

資料出所　厚生労働省「後期高齢者医療事業状況報告」、総務省統計局「国勢調査」
（注）1）75歳以上の高齢者を対象とする後期高齢者医療費について、10年前の高齢者の就業状況との関係をみるため、2000年の都道府県別65歳以上就業率と2010年の都道府県別1人当たり後期高齢者医療費をプロットしたもの。
2）回帰式の下の（　）内はt値。

「平成24年版 労働経済白書」から引用

参考資料6　要介護（支援）認定率と高齢者就業率

○ 65歳以上の高齢者の就業率が高い都道府県ほど要介護（支援）認定率は低い傾向にある。

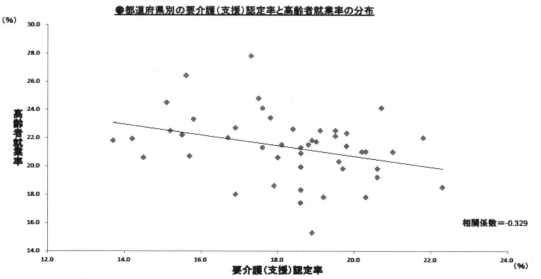

資料出所：総務省「就業構造基本調査」（平成24年）　厚生労働省「介護保険事業報告（年報）」（平成24年）
（注）「要介護（支援）認定率」は第1号被保険者に占める認定者の割合。「高齢者就業率」は65歳以上層における有業率（65歳以上人口に占める65歳以上有業者の割合）。

（厚生労働省作成資料から引用）

参考資料7　生涯現役促進地域連携事業

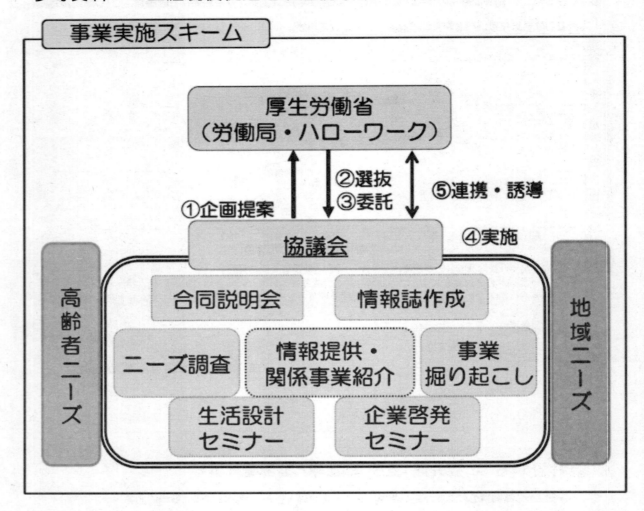

（厚生労働省作成）

インタビューリスト

	日時	訪問先及び応対者（敬称略）	訪問者
柏市	平成29年6月17日（金）	①ニッセイ基礎研究所 生活研究部・ジェントロジーフォーラム 　主任研究員　前田展弘（東京大学高齢社会総合研究機構客員研究員）	田原孝明 中山　明広 園田　薫 山岸　諒己
	平成29年7月7日（金）	②一般社団法人セカンドライフファクトリー セカンドライフファクトリー 　理事長　矢富直美 　理事　中村年雄 　学術員　風間弘美	中山　明広 園田　薫 山岸　諒己
	平成29年7月10日（月）	③-1柏市役所（柏市生涯現役促進協議会事務局） 柏市役所保健福祉部福祉政策課 　副主幹　吉田祐介 ③-2アミュゼ柏プラザ（生涯現役介護・保育・生活支援　就労セミナー　見学）	中山　明広 園田　薫 山岸　諒己
	平成29年7月24日（月）	④柏市シルバー人材センター 　常務理事兼事務局長　小城亨 　総務担当　松田誠 　藪由紀子	園田　薫 山岸　諒己
大阪府	平成29年7月14日（金）	①一般財団法人大阪労働協会 　人材開発事業担当企画推進グループグループ長　小林祐子 　人材開発事業担当企画推進グループチーム長　橋詰泰幸 　同　北野優子	中山　明広 山岸　諒己
		②エル・おおさか本館 （セブンイレブン仕事説明会　ヒアリング及び見学） セブン-イレブン・ジャパン 　第四リクルート部大阪地区　黒瀬陽一 　関西ゾーン総務担当マネージャー　山口大輔	中山　明広 山岸　諒己
	平成29年7月14日（金）	③大阪商工会議所（大阪府高年齢者就業機会確保地域連携協議会事務局） 大阪府商工労働部雇用推進室就業促進課就業支援グループ 　総括主査　植木友紀子 　課長補佐　山本恭一 シニア就業センター（高年齢者就業機会確保地域連携協議会事務局）	中山　明広 山岸　諒己
豊中市	平成29年7月20日（木）	①豊中市（豊中市生涯現役促進地域連気事業促進協議会事務局） 豊中市市民協働部 　参事兼くらし支援課長　宮城節子 　就労支援担当主幹　濵政宏司 　課長補佐　竹内淳 とよなか生涯現役サポートセンター（Sサポ） 　事務局事業統括員　山田幸敏 豊中市健康福祉部高齢者支援課 　係長　舟橋朋美 　主査　林裕美	中山　明広 山岸　諒己
	平成29年7月21日（金）	②（株）新事業開発研究所 　代表　与那嶺学 　研究員　濱名研	中山　明広 山岸　諒己
鎌倉市	平成29年9月29日（金）	鎌倉市役所（生涯現役促進地域連携鎌倉協議会事務局） 鎌倉市役所健康福祉部高齢者いきいき課いきいき福祉担当 　主事　新井雄一朗 　担当課長　小宮純	中山　明広 園田　薫 山岸　諒己

	日時	訪問先及び応対者（敬称略）	訪問者
福岡県	平成29年10月5日（木）	①福岡県70歳現役応援センター（公益社団法人福岡県雇用対策協会事務局） 福岡県70歳現役応援センター 　センター長（県からの派遣）　坪根千恵子 　プロジェクト推進班事業統括員　野中康弘 福岡県福祉労働部労働局	中山　明広 山岸　諒己
		②公益財団法人九州経済調査協会 調査研究部　研究員　原口尚子	中山　明広 山岸　諒己
総社市	平成29年10月13日（金）	①一般財団法人そうじゃ地食べ公社 　事務局長　風早政巳	中山　明広 山岸　諒己
		②総社市役所（総社市社会福祉協議会） 総社市保健福祉部長寿介護課 　課長　林直方 　地域ケア推進係　西田仁士 　地域ケア推進係　渡辺一樹 総社市社会福祉協議会 　久保豪 社会福祉法人総社市社会福祉協議会障がい者千人雇用センター千人雇用 ワーカー（社会福祉士）　前田光彦	中山　明広 山岸　諒己
松山市	平成29年10月26日（木）	松山市シルバー人材センター（生涯現役促進松山地域連携協議会事務局） 松山市シルバー人材センター 　常務理事　西山秀樹 　事務局長　福島建夫 　事務局次長　柳原祐二 　総務課長　矢野光子	中山　明広 山岸　諒己 千葉登志雄
大分県	平成29年11月9日（木）	①大分県庁（大分県シニア雇用推進協議会事務局） 大分県商工労働部雇用労働政策課 　課長　後藤豊 　雇用推進班課長補佐（総括）甲斐昭臣 　雇用推進班主幹　長谷部貴志 　雇用推進班主事　榮岩祐介	中山　明広 山岸　諒己
	平成29年11月10日（金）	②大分県シルバー人材センター連合会 常務理事兼事務局長　藍畑則文 事務局次長　髙山修一 部長　堤喜代司	中山　明広 山岸　諒己
		③大分市シルバー人材センター 常務理事兼事務局長　幸野正市	中山　明広 山岸　諒己

JILPT　資料シリーズ　No.198

高齢者の多様な活躍に関する取組　－地方自治体等の事例－

定価（本体1,400円＋税）

発行年月日　2018 年 3 月 30 日

編集・発行　独立行政法人 労働政策研究・研修機構

〒177-8502　東京都練馬区上石神井 4-8-23

（照会先）　研究調整部研究調整課　TEL:03-5991-5104

（販　売）　研究調整部成果普及課　TEL:03-5903-6263　FAX:03-5903-6115

印刷・製本　有限会社　太平印刷

ⓒ2018　JILPT　　　　　　　　　ISBN978-4-538-87194-3　　Printed in Japan

＊ 資料シリーズ全文はホームページで提供しております。（URL:http://www.jil.go.jp/）